倭国黎明期の展開

歴史の定則性から浮上する

真神三郎
Magami Saburo

郁朋社

はじめに

歴史の動きの中には、一定の方向性ともいうべき流れが、その根底に潜んでいるのではないかと考えさせられる時がある。歴史を遡っていくと、この展開は一定の方向性を持った場面として解釈すべきなのではないか、すなわち、定則的な流れに沿った発現であると認識すべきなのではないかと考えられる状況が、間違いなく存在するように思われる。

人の心は、時代が動いても、基本的にはそれほど変わるものではないということの証明であるのかもしれないが、時世や場所は異なっていても、同様の局面に接した場合、同じような方向性を持って事態が流れる傾向があり、定則あるいは原則的とも見られる状況の下に推移することが、多々存在すると考えられるのである。「歴史は繰り返す」と言われることがあるが、これは、このことを別の言葉で言い表わしたものと見ることができるのではないだろうか。

そのような視点から、第一部として、これまであまり重きを置かれてこなかったようにも見える、定則的に発現する場面として捉えるべきと考えられる一五の事項に焦点を当てる。そして、第二部の中で、その根底に潜む流れを認識しながら全体的な動きを判断するという観点に立って、日本古代黎明期の展開を改めて考察してみたい。

歴史の定則性から浮上する倭国黎明期の展開／目次

第二部　倭国黎明期の展開

（註）本稿においては、原典から引用する場合は、原則として漢字表記を用いたが、史料・文献等の中には、神名や人名等、難読漢字が頻繁に使用されていて、読み辛い場合があるので、カタカナ表記で記載した箇所も多くなっている。ご了解頂ければ幸いである。

第一部　歴史に潜む定則性

（一）国号および国の表象について

征服した国が、征服された国の呼称、名称を名乗ることはない。文字の伝統を持たなかった国が、相手国の持つ美麗な表記を自らの国名の字形として借用することはあったかもしれないが、ある名称を持って興った勢力は、名称自体は自分達の名を堅持し、継承していくものである。そしてそれら勢力は、勢いに求心力を持たせ、活力を持続させるものとして、必ず自らの名称を掲げるものである。

占領地や進出先の地域については、それまでどおり現地の名称を使用することは数多く見られるが、自ら継承してきた呼称を、戦いに勝利したにもかかわらず、被征服者のものに置き換えることはない。それは、自国の主体性にも関わる根源的な問題であると言えるからである。世界の歴史を総覧すれば、瞭然のことである。

そして、その国号が持続される限り、その国号を持つ国の表象（祭神や神宝、派生する祭祀、神事等）は引き継がれていくものである。つまり、国号と、その国が掲げる精神的な支柱としての表象は、表裏一体のものと言えるからである。

〈異民族侵攻説の誤謬〉

戦後をしばらく経過した一時期、日本古代史界を賑わした学説に、騎馬民族征服説というものがあった。江上波夫氏によって火蓋が切られたとも言える、異民族王朝征服論である。これは、日本古代史を考証する中で浮上した幾つかの疑問点に光を当てる説となり、それより何より、わが国の古代に異民族が関わる波乱万丈の動乱期が存在したという、学界に衝撃を与える説でもあった。言ってみれば壮大な叙事詩的展開があったということであり、学界の主流を制するには至らなかったが、その刺激的な考え方は、学問の世界を超えて一時期、日本の社会を席巻したと言っても過言ではなかっただろう。それまで考えられてきた古代日本の態様に、全く新たな視点を与えるものでもあった。

現在、当時の説をそのまま肯定する研究者は存在しないと言えるが、その後もしばらくは、井上光貞氏によってネオ騎馬民族説とも形容された水野裕氏の構想等に姿をとどめて、命脈を保っていたと言えるだろう。

この説は、それまで、どちらかと言えば国内に閉じこもりがちだった日本史研究者の視界を広く東アジア全体に拡大したという点に功績があり、魅力に富んだものでもあった。しかし、歴史の底流に潜む定則に鑑みれば、この考え方には、基本的な誤りの存在することが理解される。そしてこのことは、国の興亡を考えるうえでの重要なポイントともなる。

異民族征服王朝説のように、もし異民族がわが国を襲い、覇権を握ったというような事態があったとすれば、大陸、半島に存在した集団が、その名称を持って、倭に襲来したと考えなければならない。しかし、大陸、半島にその痕跡は見当たらない。把握できる範囲でということにはなるが、伝えられている歴史上の流れはそうはなっていない。つまり、わが国の史書や伝承だけでなく、大陸半島の史書を通覧しても、そのような状況を伝えるものはない。大陸半島の領域に、倭国を席巻したと見なされる名称を持つ勢力の形跡は、見受けられないのである。

逆に、倭には「邪馬台」と呼ばれる国が存在していたと中国史書は記しており、その表記は、限りなく近く「ヤマト」と読み得るものである。そしてその名称を、われわれは、自らの集団を呼称するものとして、古代から現在まで連綿と引き継いできているのであり、「ヤマト」の名を持つ勢力は倭の中で発祥し、その名を現在に伝えてきていると考えるべきである。

仮にではあるが、「高句麗」や「百済」といった名称を名乗る騎馬民族集団が倭を征服して国を樹立したとするならば、一時的ではあっても倭はそのような国名を名乗らされ、その〝爪痕〟が倭国各地に少なからず残されたはずであり、周辺諸国の歴史書等にも影を落としたのは間違いないと思われる。しかし、現在伝えられている残痕は皆無であると言って差し支えないであろう。

以前、水野裕氏は、邪馬台国問題を論じる中で、邪馬台国と対立していた熊襲を中核とする狗奴国が邪馬台国を征服して覇者となり、邪馬台国を含む国々の盟主となったと主張した。

先述したように、ネオ騎馬民族説とも評された説であり、今も同じような考え方を持つ研究者が相当数存在するが、そのような事態はあり得ないと考えなければならない。なぜなら、もしそういう局面が生じていたとすれば、狗奴国の名は広くゆきわたり、倭国を代表する名称として引き継がれてきたはずだからである。

出雲や伊都が倭の主権を制し、倭に君臨したといった説も出されているが、もしそのような状況が出現していたとすれば、われわれはヤマトではなく、出雲や伊都の名称を、国名を表わすものとして広く使用してきたと考えなければならないだろう。

　われわれはいつの頃からか、自分達の国を「ヤマト」と呼び習わしている。現在は正式国名を「日本」として、その読み方を「ニッポン」あるいは「ニホン」としているが、これは「日本」の表記から逆に派生した呼び名であって、もともとはヤマトと呼称し、その名を連綿と継承してきた。そしてその言葉を表わす名称が史書のどこかに残されていないか探ってみると、魏志には、「邪馬台」と表記される国が倭国に存在したと明記されているのである。「邪馬台」は、ヤマトと読むことのできる表記であり、そして、中国史書でその変遷をたどると、「隋書」や「旧唐書」にも、倭国の中心は魏志にいうところの「邪馬台」にあり、後に倭国自らが倭の表記を嫌い、日本と改めた旨が記述されている。

　またわが国の史書においては、ヤマトを表わす言葉として「倭」と表記、あるいは「倭」と表記してヤマトと読ませる場合が多い。記紀、萬葉集等では、夜麻登・山跡・山常といった表記とともに、ヤマトと読ませる言葉として「倭」が頻繁に登場している。これはつまり、倭を最終的に制したのはヤマトであり、ヤマトが倭を代表する名称になったということを、わが国自身が認めているということに他ならないであろう。

ヤマトを名乗る集団が倭国内のどこかで興り、大王を中心としたヤマト朝廷が中枢に位置して国を率い、倭国の代表となり、ヤマトの名を現在まで伝えてきているのは間違いないと思われる。すなわち、ヤマトという呼称はトーナメントを勝ち抜いて継承してきた名称であり、その発祥が、中国史書に伝えられる「邪馬台国」にあったのは疑いのないところと言えるだろう。

それでは、世界に対象を広げ、近代以前の歴史において、征服者が被征服国の名称を名乗った例がなかったかどうか、検証してみよう。

東洋史に目を向けると、中国では、二千年紀に河南省において殷が興っているが、これは二十年紀の終わりに周によって滅ぼされ、周が黄河流域を支配した。そのあと春秋戦国時代に入り、秦による統一が行われ、その間、諸国による攻防が繰り広げられるのだが、各国はそれぞれ自らの国名を名乗っていて、征服した相手国の呼称を踏襲して自分達の国名にした例はない。秦は秦という国名による統一を行ったのであり、秦という名称が、すなわちその国を表わしているのである。

次の漢は、外戚王莽《おうもう》によって倒され、王莽は新を国号としている。漢の再興は劉家の光武帝による復興であって、新たな国が覇権を握って漢名を名乗ったのではない。

北方の遊牧民族が幾度も中国に攻め入っているが、彼らは制覇した中国王朝の呼称を継承して自らの国号としたことはなく、すべて自らを主体とする国名により建国している。朝鮮半島を見ても、漢の勢力を駆逐した民族は高句麗という国名を有する国を建て、同系の扶余族が馬韓の地に扶余（くだら）を建てている。

のち、中国には、隋、唐、宋等、半島には新羅、高麗等々の国の攻防があるのだが、国の主体が根本的に変わって国名の変更を見なかった例はない。逆に言えば、勝ちを収めた勢力は、すべて自らの名称を、以後、国の冠に戴いているという歴史が刻まれているのである。すなわち、これらの事象を踏まえると、国号の変更こそ支配者交代の象徴であると見ることができる。

このような事例は、世界全体を見渡しても同様であることが理解される。ギリシャ、ローマ、エジプト等の古《いにしえ》から、西ヨーロッパ、東ヨーロッパ、モンゴル等々の地域を通覧しても、ある呼称を持って建国し拡大した諸国は、自らの国号とともに支配地を広げていったのである。征服した地域の地名が残るとしても、それはあくまでもその地のローカルな名称であり、勝利者が戴く国号とはなっていないことが良く分かる。

そしてヤマトは国の表象として、「鏡」を掲げ、神宝として尊崇してきた。太陽神崇拝の証しとも捉えられるものであるが、いかにヤマトが「鏡」というものに特別な思いを抱いていたか、卑弥呼の使節への、魏の対応からもうかがい知ることができるように思う。「魏志」は伝える。

「又、特賜汝…銅鏡百枚…故鄭重賜汝好物也。」

銅鏡は諸種の下賜品の中の一品目ではあるが、その数量の多さは特筆すべきであると言えるのではないだろうか。

現在もわれわれは、社のご神体として鏡を伝え、また、国の中枢に位置する皇孫が戴く神宝として、連綿と継承してきている。この事実は、この国がヤマトの国号を持つ勢力の後継者であることを、明らかに示しているのではないかと考えさせられるのである。

〈古墳時代の文化的断層についての考え方〉

いわゆる古墳時代においては、前期・中期・後期と区分けされる文化的断層が見られると言われる。前期の宗教的副葬品に見られる文化的様相から、中後期においては濃い政治的色彩を帯びた、大陸の騎馬民族的な性格を有したものに置き換わっており、大きな断層が見られるという。これをもって江上氏等は北方の騎馬民族たる支配者が従来の支配者に代わったと見るのである。確かに、前・中後期間に文化的断層の見られることは、多くの考古学者の認めるところで、その頃、征服者的色彩を有する応神天皇という支配者の存したことが、史書に記載されてもいる。

しかし、注意すべきは、新文化を導いたと見なされる応神朝でさえも、その墓制はわが国発祥と認められる前方後円墳で、竪穴式石室を有しており、前代からの自国文化を引き継いでいると見られることである。もし、その時代に民族的な変動が存在したのならば、墓制の形態等に何らかの変容が生じると言えるであろう。古墳の形状から見ても急激な変化は見られないのであり、民族交代の痕跡を見ることはできない。応神朝がいわゆる畿外からの勢力であったとしても、その主体は倭の文化を保有する、倭人の勢力であったと考えるのが自然であると思われる。征服者として渡来した異民族勢力が、すぐさま倭の文化に同化して、その墓制を取り入れるとは考え難いからである。

装飾品等動的文化製品ならともかく、斎藤忠氏が指摘するように、「古墳が土器と異なり、墓制という習俗の具現であり、外形や内部構造主体やまたは地域差にもとづく伝統性と停滞性もしくは被葬者の社会的地位に関連し複雑な様式を示すもの」であってみれば、その様式はそれほど安易に変化するとは思われない。墓の形態は必ずしも最大に保守性が強いとは言えないが、征服者の優越感が、蕃夷《ばんい》と見る被征服地の諸文化中、よりによって墓制を倣うことを妨げるであろうことは歴史の定則と言っても過言ではないのではなかろうか。

小林行雄氏によれば、古墳の形制なり副葬品からでは、古墳の使用者が外来征服者であったことを論証することは不可能に近いということであり、前方後円墳文化の存在期間内に、外来的なそれほど急激なる変化があったとは考えられない。むしろ前・中後期間の文化的変化は、倭人の半島遠征の結果と見るべきであろう。好太王の碑文等によって倭人の勢力が半島深くまで進撃したことがうかがわれるのであり、その時、大陸的騎馬民族的文化に触れ、そこに文化融合が生じ、倭の文化にも大きな変容がもたらされたと考えて良い。あるいは応神朝が大陸からの難民を多数抱え込み、大陸的文化が優遇されたと見ることも可能であり、いずれにしてもこの文化変容の主体は倭国自身にあると言って差し支えないであろう。当時の倭国勢力はかなりの実力を備えた国であり、それほど容易に異民族の征服などというものは為されるものではない。あれほど強勢を誇った蒙古軍でさえ、陸続きの高麗に侵入してから日本に攻め入るまでには半世紀近くを要しているのである。また、馬を連れての渡海がいかに難しいものであるか、蒙古軍の状況が良く示していると思う。

なお、当時の政権において、いわゆる帰化人が非常に優遇されたということが、侵攻説の一つの傍証ともされているが、帰化人というものが史上に明確に浮き彫りにされるということ自体が、帰化人の異民族性を表わしていると言えるのであり、むしろ、反証として挙げられるものであるようにも思われる。その人々が侵攻集団と同民族であるのならば、帰化人の優遇措置といったことが史料に現われることはないと考えるべきであろう。

大陸風の文化が倭に伝わったのは、十字軍が東方文化をヨーロッパにもたらした如く、倭軍が半島から意識的に持ち帰ったり、当時の倭王朝が多数の半島人を、「帰化人」として登用し、その文化を奨励した結果であると見て間違いはないであろう。

明治維新後、日本に突如として西洋文明が華開いたことをもって、後世の史家がヨーロッパ民族等の日本征服、あるいは支配者の民族的交代を想定するならば、それは明らかな誤りであると言えるだろう。きっかけは受け身であったとしても、日本人が主体性を持って積極的に吸収した結果であることを、われわれは事実として知っている。

（二）伝承および文献について

伝承の底には、数多くの真実が潜んでいる。伝承の修辞的部分、装飾部分を注意深く削ぎ落としていくと、中心核から宝石が現われる。

時の権力者がいかに消去を図ろうと歪曲を画策しようと、真実の或る部分は民衆の心の底にそのかけらを落とし、伏流水となり、人々の言葉を通じて時代をかいくぐり、伝えられていくものである。そしてその言葉が、いつしか文字に置き換えられ、文献として残されていくことが多い。

〈「ヤマト」国「畿内」発祥説の誤謬〉

記紀等に残された伝承が、いかなる形で伝えられ記録されたかを考えると、次のような流れをたどったのではないかと推測される。

㈠主権者自体の家伝として、初祖からの伝承が残されていた。

㈡主権者の家系に伝わる伝承を中心に、中央・地方豪族等に語り継がれたものを、蒐集総合して一つの物語にまとめ上げた。

㈢地名にまつわる伝説等、風土記的伝承を総合してまとめ上げた。

㈣主権者の家系に、祖先の漠然とした記憶が残存しており、それを骨組みとして潤色を施し、創り上げた。

㈤主権者の家系に残っている祖先の記憶に、各豪族内や風土記的伝承等を加味総合し、政治的、文学的潤色を施して構成した。

等々の形態が考えられるのであるが、記紀の記載の仕方を勘案すると、㈠〜㈣を集大成したとも言える㈤の見方が妥当で、おそらく正しいのであろうと思われる。

独裁権力者が突発的に出現した場合は、捏造の物語を強引に流布させることが必要ともなろうが、一定の興隆過程を経て地域の覇権を握った勢力が、ある程度世の中が落ち着いた状況の中で、来し方の記録を作成する場合は、輿望《よぼう》を担い、社会の求心力を得るためにも、㈤に見られる形態で記録するよう取り計らったであろうと考えられるのである。

そして、記録に残された国名を持ち、周辺を制覇して国の統一を成し遂げたという伝承を有する勢力が、まさにその国全体を統一支配したと考えて誤りはない。その伝承記録は、現在ならば、さしずめ国定教科書と言えるものである。

被支配者は、一般的には時の権力者に迎合するような伝記を創り上げる傾向を有している。自祖の系譜に上書きをして、権力者との同祖を求めたり、権力者の系図に自らの祖を挿入したりして、中央勢力とつながりを持とうとするものである。

ヤマト政権によって制圧された豪族は、ヤマト政権と祖を同じくするという系図の偽造を図ることによって安寧を得たことが考えられる。ヤマト政権にとっても、そのような工作を認めることによって、諸族の懐柔を図ったであろうことは想像に難くない。諸族は、そのような工作を行うことによって、厚遇を求めたに違いないのである。

記紀に明らかなとおり、大伴、中臣、物部、久米はもとより、各豪族のほとんどがヤマト政権との血縁を求めており、神々についても、ヤマトの神話とつながりを有する傾向がうかがわれる。史書の編纂に当たって、政権中枢が各豪族に祖記の提出を命じたとき、各豪族間には少なからぬ波紋が生じ、各氏は競って種々方策を巡らせたことと思われる。

このように考えてくると先の水野氏の所説のように、熊襲の建てた狗奴国がヤマトを倒して覇権を握ったとは到底考えられない。もしそうであるとするならば、ヤマトの国記に熊襲征討の記事が残るはずはなく、逆に、熊襲がヤマトを制圧した過程が、説話なりによって残存していなければならないだろう。

わが国の史書は、「日向」の「高千穂」に天孫が降り立ち、その後裔たるカムヤマトイワレビコが「筑紫」から「大和」の地に東進して大和朝廷を成立させ、初代天皇の地位に就いたと伝えている。そして東進の手段は馬ではなく、船が使われたことにも留意すべきである。わが国の伝承には海や舟に関するものが多く、ヤマト国の主体は、海と深く関わる人びとによって構成されていたことが推測される。

東進に関する解釈については、古来諸説が入り乱れていて、単なる神話であり、時の権力者に都合良く書き換えられたり、後世の歴史を反映させたりした創作に過ぎないという考え方を主張する研究者も多い。しかし、「大和」周辺に中心を置いて発展してきた勢力が、なにゆえに、九州の外れの山奥にその発祥地点を求める必要があったのか理解に苦しむ。先に「大和」の地を支配していたというニギハヤヒは、河内国河上の哮《たける》ガ峰に天下ったとされているのに、である。

先住者を服属させて君臨したというより、三輪山や熊野に降臨した天孫がそのまま勢力を広げ、日本全国を統治する形を取った方が、余程分かりやすく説得力もあると考えられるのだが、そうはせずにわざわざ西へルーツを持っていったのはなぜか。それは、祖は西方——筑紫辺りからきたという何らかの伝承が、民族の記憶として「人々のＤＮＡ」に刻み込まれていたからであろう。創作や歪曲を画策しようにも、ここのところだけは難しいと、時の為政者が判断したからであると思われる。伝承を、すべて後世の創作であると決めつけることは、これまでにも少なからぬ方が指摘されているとおり、歴史への対応を誤ることになるので気を付けなければならない。

そしてこのことは、「大和」中枢の地と考えられる周辺地域を睥睨する三輪山に、抵抗勢力の象徴でもある大物主が鎮座していることと、対をなす伝承であると考えて良いと思う。三輪山の祭神が大物主であるということは、とりもなおさずヤマトが外部からの侵入者であり、その地の征服者であることを示すと考えて間違いはないであろう。

外来者であったがゆえに、先住勢力の懐柔を意図するとともに、「祟り」を避けるため先住者の象徴たる大物主を、引き続き鎮守の祭神に据える措置を採る必要があったと考えられるからである。もしヤマトがその土地生え抜きの勢力であったならば、敵対勢力の神をわざわざ三輪山の神として崇める必要性はなく、ヤマト本来の神こそ周辺地域を含めた守護神として祀れば良いからである。その後の日本の歴史を顧みれば、しばしば怨霊を祀り上げるという習わしが刻まれていることを忘れてはならない。

文字等が普及していなかった時代には、民の口を通しての言い伝え、あるいは心に刻み付けられた記憶というものは、現代とは比較にならないほど大きかったと考えられる。現に、古社等において為される祝詞等を実際に耳にすると、その朗々たる響き、暗誦される文章・言葉の流麗さ等々に驚嘆させられるのである。そして、文字はなくとも、古墳や遺跡、遺物等によって具象化された過去の「しるし」が眼前に存在するのであるから、先述したとおり、往古の時間の流れが民の間に、記憶の底流として長く残存あるいは伝えられていくのは間違いないことと思われる。だから、如何に古の事柄であろうとも、史書の編纂者が、巷間に伝えられる事項と全く異なる荒唐無稽な物語を強引に創作することは、困難であったと考えて差し支えないであろう。「一書曰」として書紀に記された多くの文章は、そのことを何よりも証しているのではないかと思われる。

勿論、時の権力者が自らの都合の良いように歴史を書き換えることは日常的に見られるので、視野に入れておく必要があり、故意に歪曲されていないか等について注意を払う必要があるが、その中からいかに真実に近い水脈を探り当てるかが重要なのである。権力者が隠したい情報や不利に働く情報で、対抗勢力が密かに伝えてきたものの中には、思わぬ史実が埋もれていることもある。古社に伝わる社伝や口伝、祝詞、そして風土記等に記された神話や説話、さらに祭事や儀礼、仕来たり等は、重要な水面下の伝承部分を含んでいる可能性があるので、詳細、綿密に検証すべきである。

言うまでもなく、権力者側の伝承や慣例等の中に、歴史上の事象が伝えられていることも少なくないだろう。例えば、伊勢神宮遷宮の儀式で、御神体を入れた御樋代《みひしろ》は船形の御《み》船代《ふなしろ》に納められて運ばれ、新しい神座に置かれるが、これはかつて国の中心が船で移動した記憶を伝えているものではないかと考えさせられる。逆にそれらの伝承の中に、馬の影はなく、騎馬で進軍したという形跡も残されていない。また、祖の天下った地が大陸半島ではなく、倭国内の筑紫の地であるということも意味のあることであろう。

記録化された伝承と、それを記録化した勢力の利益は一致していなければならないということは、基本的には正しい見方である。ただし、民衆の心の底に陰影を伴なって存在し続けるような事項、そして、それらの事象が生じたと思われる時代と記録化された時代とが至近ではない場合には、このように言い換える必要があるかもしれない。

時の権力者の利益に反する事項は、当代の史書からは消去されてしまうのが原則と言えるが、民の心深く刻まれた事柄については、完全に消し去ることは難しく、内容を「粉飾」して、時の権力者を英雄に置き換えたり、その利益に反しないよう作り変えられたりしながら語り継がれることがあるので注意しなければならない――と。

〈倭国伝承の要に位置する船〉

四面を海に囲まれた状況のもとでは当然とも言えようが、先にも触れたように、倭国においては、様々な場面で船が重要な位置を占めていたことがうかがわれる。

神が舟で渡来するという言い伝えは、記紀、風土記を通じ各所に見出され、書紀には神武東征における水軍の記載や、崇神紀の「舟者天下之要物也」といった記事があり、常陸国風土記や応神紀には諸国に舟を造らせていたことがうかがわれ、仁徳紀には、「遠江国司表上言有大樹…時遣倭直吾子籠令造船…」といった記載も見られる。

新羅などの貢上物には船があった旨の記載がある。允恭紀「貢上調船八十艘及種々楽人八十…」「於是新羅人大恨、更減貢上之物色及船数…」また、隋書倭国伝には、「貴人三年殯於外、庶人卜日而瘞、及葬置屍船上、陸地牽之…」とあり、当時の倭の葬制に船が関係していたことが知られる。

三国史記にも倭と船が切り離せない関係として記載されていたようで、欽明紀には、百済本記出として「日本使人阿比多率三神舟、来至都下」とある。

その他、古事記垂仁天皇条には、「二俣榅作二俣小舟而持上来、以浮倭之市師池軽池、率遊其御子」等々、宮廷人達が船を利用して旅に出たり、遊興を行ったりする記事が数多い。

事程左様にわが国の史書には、いろいろな場面での船や海に関連する記載が数多く存在しており、祭神に関しても海につながりを持つ神は、伝承との関連から見ると、その割合は、山に関する神をしのぐと言って差し支えないであろう。

わが国社会の態様は、外国史書の記述やわが国自身が伝える諸々の伝承等、どの角度から見ても海洋氏族の流れを示しているように思える。もとより海に親しむ文化を身に付けていたヤマトの始祖は、船を社会運営の基礎に置き、将来の方向性をも託す形で、高い操船技術を駆使し、西から東へと支配領域を拡大していったと思われる。

そしてこのことは、後述するように、いわゆる高地性集落遺跡が、瀬戸内海沿岸に集中していることと多大の関係を有していると考えられるのである。ヤマトは九州からの東行に際して、船団を組み、瀬戸内沿岸を進行していったと見られるが、進路に当たる沿岸集落は軍団の襲来に備えて、対策を講じたであろうことは想像に難くない。沿岸部を離れた高所に、防御と避難を兼ねた砦としての箇所を設営して対応したと見ることができる。

このような集落遺跡が瀬戸内海周辺に集中して多数存在することが、ヤマト東行の痕跡を示していると考えられるのであり、同時にヤマトにとって船というものがいかに重要であったかを物語るものでもあるだろう。

（三）継続と遡及ということについて

現在を、仮に歴史の一応のゴール、到達点と捉えるならば、今、つまり現時点における結果に基礎を置いて歴史に対応することも重要である。現在を到達点として時間を遡っていくことにより、歴史というものの流れとその起点を捕捉しやすくなることがある。迷路をゴール（到達点）から逆に遡行していくと、その入り口（出発点）を発見することが容易になるという、巷間に言われる方法を応用することにより、難解にも見えた時代の流れを読み、その起点を理解することが困難ではなくなってくる場合がある。

例えば、われわれが日常的に何気なく使っている言葉の中に、往古から連綿と伝わってきているものがある。その意味を手繰っていって語源にたどりついたときは、水源を発見したときのような喜びを感じるものであるが、その言葉がはるか昔に発祥したものである場合には、語源自体は不明となっているものが多いと思われる。しかし、意味不明ながら慣習的に使用し続けている言葉の中から、実際に存在した過去の映像が浮かび上がってくることもある。

それは言葉だけではない。仕来たりや遺風、慣習といった類いの中にも、時代を超えて脈々と今に伝わるものがあり、それが図らずも、言葉の証明を受ける形で、歴史の底から浮かび上がってくることがある。

〈言葉〉

われわれは現在、いわゆる日本語（ヤマト言葉）を使用している。大陸の言語でもなく、半島の言語でもない。記紀、万葉等を分析すれば、倭自身において使用していた言葉を継承し、日本（ヤマト）の言葉として独自の文化とともども発展させてきたことは間違いないと思われる。すなわち、現時点における結果を踏まえて遡れば、現在使用している言葉の発現と展開は、倭の勢力範囲内にあったと思われ、倭を統治したヤマトの母国語として使用されたものと考えられるであろう。

異民族の侵攻というような事態に関連して、言葉の問題を軽視するわけにはいかない。史記、文選、晋書等の倭人の項や書紀等の記述に見られる、「譯《ヤク》ヲ重ネテ来ル」（通訳を付ける）という表現は、その必要があるからであり、文字の使用により簡易な意思伝達は異国語間でも可能であったかもしれないが、支配ということになれば言葉の問題をなおざりにすることはできない。

征服者は、自らの使用語を被征服者に課すものである。しかし民族が違い、両者ともにかなりのレベルの文化を有している場合は、両国語が相当期間併存することも多いだろう。被征服民としても、支配勢力への畏怖のかたわら、感情的反発は勿論のこと固有の文化へのこだわりもあって、それが言葉の保存という動きを伴なうからであり、征服者が高圧的に自らの言葉の浸透を図ったとしても、そう簡単に一国の言葉が消え去るものではない。

被支配地の言葉といえども時代の底にとどまって語り継がれていくのは必定であり、即時消滅するというものではないし、逆に、征服者が短期に衰亡したとしても、その地に強制し、一定期間その地を被覆した言葉は、その地の歴史に影を落とすものであろう。

ヤマトと呼ばれる勢力に流布していたと考えられる言葉の様相、そして今に伝わる状況を鑑みれば、言葉の上からも異民族が襲来して倭を支配した痕跡を見出すことはできない。

征服者が被征服者と同じ言葉を使用していたとすれば、この問題は存在しないが、同一の言葉が話されていたのであれば、厳密な意味で異民族とは言い難く、またその時代に大陸半島でヤマトの言葉が話されていたという状況は見られないと言って差し支えないようであり、むしろ反証が可能であるように思える。

日本語の兄弟語と判定し得る言語は、どの時代の大陸半島を探索しても見出すことはできないという。琉球語を除いて最も近いと思われる朝鮮語ですら、服部四郎氏によれば分離したと考えられる年代は最下限四〇〇〇年前であるということである。つまり、紀元前のこととなり、もし北方系民族が侵入したのならば、もっと日本語に近似した言語が大陸半島に残存していても良いはずであり、また日本語についても、さらなる混乱が生じていたはずであると思われる。

日本語と朝鮮語の単語類似にしても、数多の帰化人が来朝したことを考えれば理解されることであり、先にも述べたように、帰化人という形態が史上に明確化できること自体が、帰化人の異民族性を浮き彫りにするものであると言える。繰り返しになるが、騎馬民族征服説の一つの傍証とされている、帰化人の優遇という特記されるほどの扱いは、むしろ反証として挙げられるものであろう。つまり、帰化人が優遇されたという事柄が、史料を通じて認識できるというそのことが、ヤマトと半島系民族との異質性を物語るものと言えよう。同民族であるのであれば、わざわざ「百済人の帰化」等と明記する必要はないからである。

書紀敏達紀一二年、日羅を召喚する際の挿話として、「俄而有、家裏来韓婦、用韓語言」といった記事もあり、日本語とは異質な言葉が存在し、そのことが記録編纂者に認識されていたことがうかがわれるのである。

〈文化の踏襲〉

神社には巫女《みこ》と呼ばれる女性が存在する。「女」の字が使われているように、女性が主体となっている。過去には、それに類した男性が存在した事例もあったようだが、本来の「みこ」は、歴史をたどれば女性が務める役柄となっているのは明らかであると言える。それでは、なぜ女性なのか。それは、その役割を果たした者の発祥が女性だったからであるに違いない。古の時代、混乱の状況下にあって、中心氏族となったヤマト族が崇める「日の神」の神意を伝え、世を収める役割を担った者が、女性だったからであるに違いない。その人に「日ノ御子」の名称が奉られ、その役柄を引き継ぐ女性がいつしか「みこ」

と呼ばれ、巫女となり、今に至っているのだと考えられる。

そして、出現した巫女の源流をたどっていくと、二つの原泉にたどり着くように思われる。

一つは、魏志に記録されている「ヒミコ」にゆき当たるのではないかと私は考えている。わが国草創の時期、混乱の極みにあった中で、集団の精神的支柱として立てられた女王が、「ヒノミコ」として崇められ、クニの「重し」としての役割を負った。その後、時代の流れの中で役柄は形式化していったものの、その職掌を担う女性が、「みこ」の名を引き継ぎ、「巫女」として連綿と今にその名を継承してきているのではないかと思う。

卑弥呼について、魏志が言う、「…年已長大、無夫壻。…」といった態様は、後世に伝わる巫女の姿を彷彿とさせるように思われる。

今一つは、天照大神である。書紀には大日孁貴《オオヒルメノムチ》と記され、後に神に祀り上げられるが、記紀の記述によれば、他の神と同じように、神々の世界では人間同様の行動を取る様相が描かれている。この大日孁貴の「ヒルメ」は日の女、日に仕える巫女の意を表わしており、もともとは太陽神――日の神を崇める役割を担っていたと思われる。それはヒミコの影と重なるものでもあるが、巫女としての姿が映し出されていると考えられるのである。

また、記紀に記す天照大神の伊勢への鎮座に関連した、トヨスキイリヒメノミコトやヤマトヒメノミコトの動静等の記事は、天照大神を発祥とする巫女の発現過程を示しているようにも思われる。

こういった考え方は、突飛な見方では全くない。先述したように、社の本殿に祀られる鏡は、ご神体としての姿を今に伝えており、おそらく古の慣行そのままの形で、数多の人の尊崇を集めてきていると思われるのであるから。

さらに、驚くべきことは、そのことが異国の史書の記述の中からも浮上してくるのであるから。魏志は云う。「又、特賜汝…銅鏡百枚…故鄭重賜汝好物也。」

その頃の倭国（ヤマト）において、いかに鏡というものが重用されていたか、史料の中からうかがえるとともに、それが今もなお継承されてきていることが理解され、歴史と現状の符合ということについて、感動すら覚えるのである。そして、それが「ヤマト」の風習であり、現にわれわれが受け継いできているものであることが、改めて認識されるのである。

風習ということで言えば、魏志に伝える、身分の低い者が高い者に相対するときの所作、「傳辭説事、或蹲或跪、兩手據地、為之恭敬。」は、現在にも伝わる平伏の仕草、土下座そのものであると思える。この所作は明瞭かつ具体的に記されているので、おそらくかの地の使者が実際に目撃したのであろうと思われ、当時の「ヤマト」の風習が今に引き継がれていることに驚きを覚えるのである。

ここで、魏帝からの下賜品について少し触れてみたい。

外国使節に対する公的な賜与品というのは、間違いなく自国産の、それも自国の誇りとする品を使用すると考えて良いであろう。このことは現代においても通用する、歴史の定則の一つと言って差し支えないと思われる。従って、例えば「鏡」について見ると、魏帝から賜与された鏡が三角縁神獣鏡であったのか、画文帯神獣鏡等他の鏡であったのか意見の分かれるところであるが、一つ言えることは、倭国内で作られたと判断できる鏡が存在するとすれば、それは、明らかに賜与された品ではないと考えるべきだということである。なぜなら、魏帝が賜与する鏡であれば、間違いなく自国産であるはずだからである。

ただ受領した側においては、権威ある品の精緻な模造品が作られることは多々あるので、真物を仿製であると誤認することのないよう、見極めは慎重にしなければならない。

（四）痕跡について——「畿外」から渡来した「ヤマト」勢力

被征服者の宗教や祭祀を中心とする生活習慣の多くは、征服者のものに変更を余儀なくされたであろうが、そのすべてが完全に消滅したと考えるべきではない。慣習や風習として、その遺風がどこかの部分に残存している可能性がある。表面的には消滅してしまっていても、日常生活に溶け込みながら、何らかの文化的な流れとして形を変え、名を変えて、次の時代に引き継がれている場合がある。それは、遺物とも関連させる必要がある。形は変えられ、本来の使用目的とかけ離れた場面に使われている物であっても、その名残りが潜んでいる可能性があることに注意しなければならない。

ある時期、突然、歴史の表舞台から消えたと考えられている物に銅鐸がある。物自体だけではなく、それを使用する文化が消滅したと思われ、使用目的を含めて謎めいた存在となっている。おそらく半島に起源を持つ小銅鐸が、北九州に伝わり、日本海沿岸や瀬戸内海周辺を経由して本州に広がったと考えられるものであるが、古代の記録からも、出土した銅鐸が、その時すでに何に使われた物なのか判然としなくなっていたことがうかがわれる。記録者が意図的にそのように記述した可能性も考えられるが、謎の遺物扱いを受けているのである。

破砕されたり隠匿された形跡もあり不分明なことの多い遺物で、当文化を持たない勢力圏からの渡来者が存在し、その集団によって放逐されたか、あるいは制圧された側の自発的な行為により全面的に廃棄されたのではないか等推量されているが、その文化はおそらく形を変え、使い方も変化しながら、その後の歴史に、何らかの痕跡を残している可能性があるのではないかと私は考えている。

神社には、鈴が付き物である。拝殿前の鈴、神官が振る鈴、いずれも神を呼び寄せたり、魔除け、鬼払いの意味を持たせたりする目的で使用されているが、それらは、あるいは銅鐸の使用目的と相通ずる性格を有していて、形こそ違え、前代の仕草を受入れ、継承しているものなのではないかとも思われる。私は、先住の民を慰撫するため、従来の物自体は放逐し、形状は変更させたものの、あえて取り入れた場面もあったのではないかという気がしている。拝殿や仏堂前に吊るされた鰐口、それに寺院の梵鐘(和鐘)についても、銅鐸という実態の記憶は消滅したものの、意識下で仏教等の仕来たりと結びつき、水面下の文化が引き寄せられたのではないかと考えている。

（五）資源について——支配地の統治方法

鉱物資源に限らず資材や道具の類は、抗争の結果を受け、祭祀・儀礼の違いなどの理由により、遺棄、破砕されなければならなかったもの、あるいは何らかの事由で意図的に隠匿されたもの等を除いて、ほとんどが再利用もしくは他に転用されたと思わなければならない。時の権力者にとってそれらは、貴重かつ重要な資源であり、大量に転用、調達されたと考えるべきである。

前項に記したように、ある時期突如として史上から消え去ったと見られている物に青銅器としての銅鐸がある。物自体だけではなく、それを使用する文化が消滅したとも考えられており、各地で破砕されたり人為的に埋められたような状態で出土している。

また、銅剣、銅矛等の青銅器についても各地で発掘されていて、近年、出雲地方から銅鐸とともに大量に出土したことが知られるが、武器庫に正常に格納された形で発掘されるものは少ないのではないだろうか。発見されるものは、侵攻を受けて急ぎ秘匿した祭器や、後日の再起に備えて意図的に隠匿したもの、あるいは後年の隠れキリシタンのように、秘かに水面下で継承したもの等であり、多くは制圧者側に没収されたのではないかと思われる。

その時代すでに鉄器が出現していたことは疑いがないが、青銅は未だ貴重な資材だったに違いなく、服属者側は武器、祭器等に使用していた資材はことごとく供出を求められたであろうから、それらはおそらく侵攻者側の資源として転用され、武器や新たな祭器、生活用品を含めた諸々の製品に再利用されたはずである。

ヤマト国文化を構成する枢要な品と言える鏡にも、祓除の後に、大量に転用されたと思われる。事実、奈良県桜井市脇本遺跡等に、銅鐸を破砕して他に転用したのではないかとうかがわれる痕跡が残されている。だから逆に、制圧された側の戦力、物資等を、出土する遺物の量等で過小評価すべきではないと強調したい。相当な物量を擁した勢力であったとしても、服属を強いられたのちは、征服者側にその多くを収奪されたに違いないからである。

ここで、倭国黎明期でもある弥生後期の「鉄」の問題について考えてみたい。この時期の「近畿」周辺遺跡から出土する鉄製遺物の量が、北九州地方等と比べて甚だしく少ないことが、かねてから問題点として挙げられ、諸々の議論を呼んでいる。明快な解答が得られないことから、謎の一つともされている。

なにゆえに、鉄器の出土が近畿圏で少ないのか。私は、これは近畿中央に渡来した勢力中枢の強大さと、圧倒的な権力の集中化を表わしているのではないかと考えている。この時代、鉄は戦闘力の要であると同時に、生産力の要ともなっていたと考えられる。その重要性と入手にかかる労力を知悉していた渡来勢力は、支配地域における鉄の扱いについては、細心の注意を払い、集中的かつ徹底的に管理する方策を採ったに違いないと思う。

すなわち鉄は、権力を支える必需品であり、その周到かつ万全な管理は権力を維持するうえで欠かせない手立てともなったため、民の私物にも介入し、後世の〝刀狩り〟と同様の〝鉄狩り〟を、場合によっては〝銅鐸狩り〟とともに行って、統治者が組織的に一括管理運用する手段を講じ、個々人が自由に使用することは許さなかったのではないか。その結果、遺物としての鉄の出土はあまねく広がる形とはならず、偏りが生じ、全体的に把握すると疎らな出土に見える状況を招いたのではないかと考えられる。

鉄器の出土が少ないということの事実は、「畿内文化」が遅れていたことを表わすものではなく、新たな勢力が域外から渡来したということ、そしてその勢力は、強い組織力を持つ集団であったということを証するものと思われる。将来、鉄製の遺物が、特定の場所から大量に出土するといった事態が出現することもあり得るだろう。

(六) 国の斥力ということについて——「ヤマト」東行の流れ

強大国は、周辺の国々や地域を統合、併呑あるいは統治して影響力を強め、拡大していく。近隣の小国はその支配下に組み入れられることが多いが、相対する勢力が、一方的に支配されてしまわないだけの力と気概を有する場合は、外交、戦略等によって生き残りを図ることになる。幸いにして支配を免れた場合でも、小国の中心部は大国に圧迫される形で、次第に大国の中心部から離れていくことが多い。この動きを、国家斥力の定則と呼びたいと思う。大国が物理的な排斥力を放射しているわけではなく、具体的な強権を発動している状況ではなくても、周辺の諸国は常に大国の圧力を感じて、その反対側の方向へ進出する流れが生じ、同時に中枢が大国の中心部から離れていく傾向がある。そして、逆の方角から別の大国が出現すると、その動きは押しとどめられ、停滞あるいは逆流することになる。

わが国の中心は、古来、東へ進行方向を取る傾向を持っていた。飛鳥時代を起点として大きな流れで捉えるとすれば、飛鳥を発祥して、大津を含め「近畿」各地を転々とした後、一時期鎌倉へ移り、そして江戸へ移動し、そこが東京となって一応の定着をみている。

これは、大陸、半島勢力の影響を強く受けた結果と見て間違いはない。実際に大陸方面からの圧力を受けた場面もあるが、物理的な攻勢はなくても西方の大国からの風圧を自ら感じる形で、新たに地を切り拓いたり、土着の民を従属させたりして東進してきた。そして江戸まで到達した段階で、今度は東方からアメリカの圧力を受け、東西の均衡を保つようにわが国の中心を東京にとどめている。

この傾向は、わが国発祥時点からの傾向を示しているのではないかと考えている。つまり、わが国有史時代の、飛鳥から東京へ至る東行の道のりを勘案すると、それ以前にわが国の中心が、飛鳥よりさらに西方に位置する時代があったと考えることは、かなり高い確率で想定することができるのではないかとの思いを持つのである。

国と称される勢力の間には互いに斥力というものが存在し、傑出して強大となった勢力は、自らの意思に関わりなく一つの運動を周囲に引き起こす要因となる。


この考え方は、世界に目を向けると、より明らかに理解し得るものとなるであろう。中国周辺地域、ベトナムではハノイ、ユエ、サイゴンという流れがあり、ミャンマーではパガン、アヴァ、ペグー、ラングーンと、これも同じく南下の傾向があり、タイではやはりアユチアからバンコクへといずれも中国を中心として外側へ向かう移動、すなわち中国から遠ざかる動きのあることが分かる。朝鮮半島では中国と日本の間にあって、平壌、金城、開城、京城等を時代の趨勢に従って移動しているが、大局的に見ると南下の傾向が見られる。わが国においてもこの流れは、決して無縁のものとは言えないだろう。

中国自身にあっても、周辺勢力の盛衰によって中心核の転遷が見られ、インドでも西方、イスラム圏の興廃に関連して、ラホールやデリー、カルカッタを含む広域において移動が見られる。

これは、東洋のみにおける現象ではない。ヨーロッパを見ると、一九世紀ドイツは東部のプロシアによって統一された。プロシアは東から興って西へ進出していったのだが、それは東方にロシアという強国が存在したからであった。また、プロシアにドイツの中心勢力があったというのも、西にはフランスがそれ以前には強く、ドイツが東へ押されていたからであった。第二次大戦中、フランスの中核はヴィシーそしてロンドンへと逃れ、戦後、一時、ドイツは一部領土が東方勢力に吸収された形態となり、その首都はソ連に押されてボンへ西移した。ヨーロッパに影響を与えたロシア自身も、ヨーロッパ勢力に押されてその核はペテログラードからモスクワへ移動している。

スペインではフランク王国等の中央ヨーロッパ勢力に押されて、トロサからトレド、そして南のサラセンの圧迫でコルドバからマドリードへの動きがある。トルコについて見ると、アジア大陸中央部で攻勢活発となった遼などの騎馬民族の刺激を受けて興ったセルジュク朝が西への進出を始め、メルヴニシャプールさらにニケーアへと転遷してヨーロッパ勢力と対峙した。チンギスハンの後裔勢力によって一時滅び、後に興ったオスマントルコは東のチムールに押されてブルサからアドリアノーブル、コンスタンチノーブルへと移動し長く勢力を誇ったが、その後、西からヨーロッパの圧迫を受けてアンカラへと中心を移している。ペルシャは当初ペルセポリスからスーサへという興国過程を経たが、ヨーロッパからの圧迫でクテシフォンからイスパパソ、テヘランへと移っている。

エジプトを見ると、王朝時代はメンフィスからテーベ、アマルナへと、メソポタミアから離れる動きがあり、プトレマイオス時代にアレクサンドリアへ進出したが、結局カイロへ押し返されている。

このように、国と称される勢力の間には互いに斥力というものが存在し、傑出して強大となった国は、望む望まないに関わりなく、一つの運動を周囲に引き起こす要因となる。すなわち周辺諸国の中枢は、強国の核から遠ざかろうとする波動が生じるのである。東洋におけるその核は中国であり、中国を芯として周辺諸国の核は外へと移動する傾向が生じ、わが国もその例外ではなく、東方へという流れが生れていた。この波動は、歴史に明らかでない時代の趨勢を推量するうえでも、見落とすことのできない定則であると考えなければならないだろう。

他国に伝わり、その正史に記載されるほどの争乱は、当事国においては、多数の氏族、集団が関わり、広い地域にわたる大規模な戦乱と見るべきであり、当事国の歴史にも大きな痕跡をとどめると考えるべきである。

（七）争乱の規模ということについて

魏志に記載された倭国の争乱は、「其国本亦以男子為王。住七八十年、倭国乱、相攻伐暦年。乃共立一女子為王。」とか、「更立男王、国中不服、更相誅殺、当時殺千余人」といった表現が使われており、後漢書においても、「桓霊間、倭国大乱、更相攻伐、暦年無主」との記述が見られる。この争乱の描写は、一地区の、言ってみればローカル地域の戦闘状況を伝えるものと捉えるべきではないように思う。

邪馬台国と狗奴国との争いについてであるが、単に隣接した国同士間の、限られた地域内での戦闘ということであれば、倭女王がはるばると帯方郡を通じて魏に使者を遣わし、皇帝に支援を求めるほどの展開は想定し難いように思われる。外国を巻き込むような争乱というのは、もっと広域の、多くの地域や集団に関わりを持つ、大きな戦いを想定すべきであるような気がしてならない。おそらく、多数の勢力が関わった、倭国全体の覇権を賭けた戦いであったのではないかと思う。

ということは、狗奴国と表記される国も単なる南九州周辺の一地域国ではなくて、日本海沿岸から「近畿」領域に浸透していたイズモの背後に広がる勢力だったのではないか、倭国東方の広大な地域に展開する、クマノ神を奉じる国々の連合体だったのではないか、すでに、後述する「呪術的争乱」時代の態様に突入していた勢力だったのではないかと考えさせられるのである。

ヤマトとの抗争を経て「近畿」の地を明け渡したイズモ勢力を支援するように東方境界に進出し、その後長く尾張、三河から東海方面、さらに信濃、毛野等と称される地域に展開した勢力だったのではないかと思われるのである。

そして、そのような多数の国々の関係する大掛かりな争乱状態が、わが国自身の歴史の中に何らかの痕跡を残していないか振り返ってみると、改めて述べるまでもないが、国の中心が東へ移動し、ヤマトが覇権を握るという大きな動きのあった事柄が伝えられているのである。これこそ、まさに彼我の伝承が対応し、そのような争乱が倭国に存在したという事実を伝える例証になるのではないだろうか。

〈争乱の変遷過程とその形態〉

争乱の形態には、幾段階かの過程があると考えられる。争乱という宿命的な荷を背負い、段階的な過程を経ながら、クニと称せられる集団は継承されてきた。段階とは、性格的に相違の見られる争乱形態の変遷を言う。

古代において争乱は、大きく区分すれば三段階を経て変遷してきたと考えられる。すなわちそれを、

①紛争的争乱
②呪術的争乱
③征服的争乱

と名付けるとすれば、争乱は、大局的に見れば①から②へ、②から③へと移行していっ

たと見て誤りはないであろう。紛争的争乱とは、最も基本的、原始的な、人間ばかりでなく動物でも見られる本能的な闘争心に根差した争いであり、後世においてもこれが口火となって②や③へと発展した例は少なくない。現在では、これに加えてイデオロギー的争乱の要素が加わってきていると思われる。

紛争的争乱は、比較的平穏だったと見られている縄文時代においても、猟場や漁場等の関係から発生したであろうと推測されるものである。新たな文化の進展により農耕が拡大すると、一定地域、主として水に利のある場所での定住が図られることとなったが、水をめぐる個人的、集団的な争いが頻繁に生じることとなった。季節の移ろいが順調であれば問題はなかったろうが、ひとたび渇水が表面化したりすれば、水争いという形で争乱状態が生じたことは想像に難くない。

それまでは漁や猟という、言わば自然界への進出という形で生業が営まれてきたのに対し、農耕では、意識的な一定の土地の確保が重要となり、また、自然に対し保護を求める必要がより強く生じてくることとともなったからである。

土地と水を確保するうえで争いの生じることは必然とも言えたろうが、それとともに、五穀豊穣への祈願を捧げるという行為が生れることになった。人間の力では如何とも為し難い自然の威力を体認させられる以上、当然のことでもあった。

自然に護られれば生活は豊かになり、余裕の生じることが理解されたからである。余裕を得て生れた時間を、他に活用できることの素晴らしさを知った人々は、さらに広範なゆとりを欲し、ますます自然への崇拝を高めていくことともなった。しかし、時とともに人々は、自然との関係のみに力を費やすことはできないことを知り始めた。

人口の増加による新たな耕地の必要性と水の問題は、自然神への祈りのみで解決するものではなかった。それは農耕を営む以上、避けて通れない道であった。

そこで人々は団結し、集団で解決を図る道を歩み始めた。そのためには集団をまとめる統率者が必要となったが、リーダーの多くは、より強力な求心力を得るための要素として、統率力だけでなくその背後に霊的な力、つまり〝神の影〟を纏うことが有効であり、重要であることに気付いた。権力の拡張とともに、指導者にまつわる神話が、その周辺から自然発生的に発現したり、意識的に創出されたりしたのは大いに理由のあることであった。

そして〝神的要素〟をはらみ、勢力を強めた集団同士が、対峙することとなり衝突することとなって、広域を巻き込む呪術的争乱に突き進むこととなる。

呪術的争乱の特色は、①に比して格段に地域が拡大し、戦いに加わる人員も増加するとともに、物質的利益を超えた精神面での戦いという要素が入ってくるということである。すなわち自分達の奉ずる霊力、守護神の威信を賭しての戦いとも言える。

従って、集団のエネルギーが、抽象的な表象に統一された形で尖鋭化し、他族との協調は甚だ難しくなる傾向が出現する。特定区域を越えることが多くなり、機動性を持つ集団での戦いに発展することもあった。

勝利するということは、すなわち、相手の祭神を自らの下位に従えるということであり、神宝や祭器を収奪したり破砕したりすることでもあった。その段階では、征服を意図して侵攻し、積極的に版図を拡大するというより、呪術の威信によって精神的な面から服従を求めるという、感覚的な色彩が強く働くように見える。呪術によって自らの士気を鼓舞し、相手を帰服させていくということが多々あったと思われる。

書紀神武紀にある、

「…天皇悪之、是夜自祈而寝。夢、有天神、訓之曰、宜取天香山社中土、以造天平瓮八十枚、並造厳瓮、而敬祭天神地祇、而為厳呪詛。如此、則虜自平伏。…」

「…於是天皇甚悦、乃以此埴、造作八十平瓮、天手抉八十枚、厳瓮而陟于丹生川上、用祭天神地祇、則於彼菟田川之朝原、譬如水沫而有所哭著也。…」

といった表現など、この時期の争乱形態の状況を良く伝えていると思われる。

また、このくだりに記される「女軍《めいくさ》」なるものも、呪術集団としての軍勢であると見なすことができ、呪術的争乱時代の特徴的な存在となっているように感じられる。

このような争いに敗れれば、「原則的」にはその勢力の奉じる霊的権威は消滅し、勝利者の掲げる祭神の威信に吸収されることになる。どちらかというとそれは、クニというものの物理的な征服、併呑というより、祭神の統合による一定地域の民族的な統一を表わすものでもあったろう。「原則的」という意味は、勝者側の事情により勝者に有利に働くと考えられるような事態が生じれば、敗者を懐柔するために寛容な措置を取ることもあり得るということである。

霊的権威を統合した集団の力は、やがて他地域への働きかけという形で勢いを強め、次第に拡張的な性格を有するところとなり、次の、③征服的争乱時代へと展開していく。すなわち、集団の利益を求めて外部へ進攻を図り、自らの支配権の拡張を目指すという、後世で言うところの、いわゆる侵略戦争と称せられる形態へ移行していくこととなる。

中国史書に記された倭国内の大乱は、紛争的争乱の域をはるかに超えた呪術的争乱に突入していた頃の出来事であり、その段階を経て征服的争乱へ移行する流れを示すものとも言える。呪術女王卑弥呼、台与の登場はまさに呪術的争乱時代を象徴するものであったが、乱の終結は呪術的争乱時代の終わりを告げるものともなり、時代は次の征服的争乱へと移っていったものと思われる。この時代の争乱は、倭国における争乱というものの性格が移り変わる、異国から見ても諸族を巻き込む大乱と呼称するにふさわしい展開となっていたと考えさせられる。

（八）土地の名称について――文字による遺跡

土地の名称は、いったんその地に定着すると、世代を超えて受け継がれ、そのまま使用され続けることが多い。古の呼称を現在まで継承している場合があり、地名から、昔日の映像が浮かび上がってくることがある。それはあたかも文字による遺跡であるとさえ、考えることができるかもしれない。

ただ、音が似通っているからといって、今とのつながりを必要以上に重視することについては気を付けなければならない。また、故意に、ある意図を持って名称の変更が行われることがあるので注意しなければならないが、逆に、その意図を推量することによって、勢力の動き、趨勢等を読み解くことができる場合もある。いずれにしても、地名については、その呼称に関わる歴史的経緯を、慎重に勘案することが肝要であろう。

大伴、物部、蘇我、葛城、和邇《わに》、久米、阿部、平群、三輪、安曇《あずみ》、尾張等々の古代氏族は、その居住地に氏族名を残していることが多い。つまり、支配地にその氏族の名称が付されて、イコール地名となっていることが多いということである。逆に、地名が先にあってそれが氏族名となり、当該氏族の移動や発展とともに各地に移転拡張していったケースもあったであろう。

それでは大王家が最初に居住した地は、どこにあったのだろう。そこは、何と呼ばれていたのだろう。大王家が直接統治する土地の名称に、大王家の名称は付されていたのであろうか。地名として何らかの痕跡が、特定の地に残されているのだろうか。

結果から見れば、ヤマトという、おそらく大王家のものだったと思われる呼称が、クニを表象する名称となって支配地に広がり、トーナメントの勝者として、一地域のみならず、倭全体の名称として定着したと考えられるのであるが、その起点となった場所は何処であったのだろうか。この問題は、ヤマトという勢力の興隆、変遷の流れの中で考える必要があり、このあたりの動向については、第二部で見ていくこととしたい。

ところで、氏族の中には、「大」の字が冠せられて呼称される氏族がある。大伴、大久米、大中臣、大三輪等であるが、その中に大倭氏があり、「オオヤマト」と呼称されている。この「大」という言葉は、大王家、そしてもともと大王家と連帯していた氏族、行動をともにしてきた氏族、早期に同化を図った氏族等に対し、また、後には功績の褒賞として付与された敬称であると思われる。このうち、大中臣については、神護景雲三年（西暦七六九年）に中臣清麻呂に賜与され、大三輪については、天武朝に三輪から改められたことが明らかになっているが、その他については、付与の経緯は明確ではない。対抗勢力であっても、神としての要素を持ち、民が畏敬する対象への尊称として、制圧者側が意図的に用いるという流れもあったようである。

なお、魏志に「國國有市、交易有無。使大倭監之。」との表記があり、「大倭」の文字が使われている。これが職制の名称であるのか、氏族を表わしているのか不分明であるが、通説では「大官」と解され職制とされている。しかしこれが、「オオヤマト」という氏族名を表わしているとすれば、氏族と職務の関連をうかがわせるものともなり、圏内の交易を「オオヤマト」氏が取り仕切っているという体制が想定されて、オオヤマト氏の政権内での存在感が見えてくるとも思える。換言すれば、魏志が記す、中枢と関係の深い、唯一の〝大〟の付く氏族名の発現であるとさえ言える。

三輪山麓周辺に進出してきた大倭氏が、他の「大」の敬称が付されることとなった氏族と連合し、その中心に位置して国を構成したことにより、「ヤマト」の名が、組織体全体を表わす呼称として使用され、倭国そのものの名称として定着したのではないかと思われる。それが、国全体を表わす名称のルーツになったと考えられるのである。

「倭」をヤマトと読ませる理由もそこにあるようであり、逆に、結果としてそう呼び習わされていることが、そのような流れを表わしているのではないだろうか。

ヤマトという名称は、いわゆる「大和」の地の、土着の地名としての痕跡は薄いようである。言い換えると、「オオヤマト」氏がその周辺で発祥した可能性が高いとは見られないからであり、その意味するところはやはり、この名称を持つ集団が、他所から移動してきたことを表わしていると考えられるのである。

地名、国名には、先学の指摘のとおり、発祥した地域の名が広域化してその辺り一帯の地名をさらに国名等に拡大発展させたものと、ある地域に基礎を持たない、その地を外から被覆するように広がって、呼称されるようになったものの二種類があるようである。

畿内の大和という名称は、一地域の、固有の地名としての「ヤマト」という呼称の痕跡が薄く、広域的概念的な要素が非常に強いようで、それは、後者の典型的な態様を表わしているように思える。

魏志に視点を移すと、その文章に記載された幾つかの国名が、今でもわが国の地名として痕跡をとどめているが、そこで国として扱われている集団の名称が、後の「大和」を構成する有力氏族の名称としては伝わってきていない。魏志に伝えられる地名を冠する氏族は、「オオ〝ヤマト〟」氏以外、わが国の史書には記されていないように思える。

魏志の倭人の条に記載されている国は、対馬、一支、末盧、伊都、奴、不彌、投馬、邪馬台、それにその余の旁国として、斯馬、已百支、伊邪、都支、弥奴、好古都、不呼など二十一に及ぶ名が、そして邪馬台国勢力に対抗する国として狗奴国の名が挙げられている。対馬から奴までは、現在に残る地名等により、多くの研究者によって北九州エリアの特定の地にその場所が比定されていて、それはほぼ間違いないと考えて良いだろう。その他の国名は、難読文字も多く確定的な判断は難しいが、いずれも有力氏族として「ヤマト政権」内にその名を伝えられてきていないように思える。ただ、今一つ対象となると考えられる国の名称に、「投馬」が存在する。この国を、後述するように「トモ（↓後の大伴）国」と比定すれば、圏内の二大国の名が伝えられているということになる。

「伊覩縣主祖《イトノアガタヌシノソ》」（書紀仲哀紀）といった言葉、また、後の対馬藩や松浦党というような形で、魏志に国として扱われている地の名称がわが国の史上に現われているが、〝ヤマト政権〟内の有力氏族名としては伝えられていない。逆に、〝ヤマト政権〟を構成する勢力として存在する氏族は、「ヤマト」と「(オオ)トモ」以外、その名称が魏志では国名として扱われていない。

その意味するところは、魏志に国名が伝えられていて、わが国の歴史にその名称を氏族名として残していない地は、後にヤマトに支配され、その管轄下に入り、ヤマト国を構成する一領域となったということなのであろう。魏志に記された時代には、その地に一族は存在しており、当時の地名が国の名称として使われたと考えて良いのであろう。ヤマトに属さず敵対していた国は、いずれかの時期にヤマト国に編入されて名が消えてしまったか、ヤマトを構成する一集団として片影を残すだけとなったか、あるいはいずこかの地名、何らかの名称に痕跡をとどめるだけになったのか等の、いずれかの道をたどったと考えて良いのだと思われる。

他に、「大倭」に関する表記としては、後漢書に「使驛通於漢者三十許國、國皆稱王、世世傳統。其大倭王居邪馬臺国。」があるが、これは諸国を統べる要《かなめ》を示す表現として使用したものと考えて良いであろう。

また、わが国の伝承に大きく影を落とす、大国主、大物主等の名称も大変気になるものである。先にも触れたが、ヤマトの対抗勢力と目される存在であるにもかかわらず、ここにも「大」の字が冠せられており、その背後には何らかの経緯が存すると考えて良いと思う。その意味するところは、進攻してきた「ヤマト」に対抗した勢力、「出雲」の残影を色濃く反映しているということなのではないだろうか。

「出雲」は、大陸半島から稲作農耕等の文化を受けてまとまりつつあった北九州の一族が、当地で起きた紛争的争乱を避けて、対馬海流に乗り、響灘《ひびきなだ》から日本海沿岸地域に移動した民の集団であると考えることができる。その地に浸透して勢力を拡大し、水田稲作に適した温暖な地を求めて南下し、近畿領域に展開していき、さらに越や東北地域に勢力を拡げていった。その後、「出雲」は、西から進出してきた「ヤマト」勢力に推されて、日本海沿岸の故地に退くこととなったが、以後、相当期間、「ヤマト」の対抗勢力として存在感を示したと見られる。

大国主、大物主等は、その勢力が崇める象徴的存在であったと考えられる。おそらく、大国主は国そのものを象徴し、大物主は民の背後に御座す神格を表わす存在であったと思われ、その名称に「大」の字が付されているのは、「ヤマト」の敵対勢力であるとはいえ、集団の支柱となっている存在に敬意が払われた結果であろう。支配者側が意図して尊重したとも思われるのであるが、加えて、大物主を三輪山の祭神とも為しているということから考えると、後の歴史でもしばしば見られるように、怨霊鎮撫を願って、意図的に祀り上げた対応でもあったと見ることができるだろう。

背景には、進出してきたヤマトが、東方に基盤を持つ勢力を無視することができなかったということもあろう。こののちヤマトは「狗奴」を中心とする東の勢力との抗争に苦闘することとなったため、出雲に対しては寛容な態度を示し、懐柔を図ったということは十分考えられるのである。


同様に、今一つ注目すべきなのは、「熊野」についてである。記紀には、カムヤマトイワレビコが紀伊の熊野に到った時、この名を冠する神（古事記には大熊に化身していたとされる）が、行く手に立ちはだかり、一行の進攻を遮った旨の記載がある。

これは、ヤマトが崇める「日の神」に、この先長く対抗する「クマノ神」の登場を象徴する記述であると思われる。そして、この異神たる「クマノ神」は、出雲との関連をも強くうかがわせるものなのである。

出雲では古くは東部にある熊野大社が最上位で神事の中心にあったようであり、出雲国造家を受け継ぐ儀式に使われる神火は、熊野大社により熾されるとのことである。そして、「出雲国造神賀詞」には、天皇を寿ぐ出雲の神々の先頭に熊野大神の名が挙げられている。

一方、紀伊半島の南端には、あたかも封じ込められるような場所に全国熊野神社の総社たる熊野大社が存在し、一帯には熊野の地名が数多く残されている。

もともと「熊野」は、東進してきたヤマト勢力に相対する存在、「狗奴」との関わりを強く持つ神であったようである。この神の源流は北方氏族にあったと考えられるが、それが列島の東北地域に広がり、ヤマトより先に、東方に進出していた出雲と結び付くことによって勢いを増したのではないかと思われる。

あるいは出雲は、西から侵攻するヤマトの脅威を受け、狗奴との交流を図るため、クマノ神を敬う道を選択したのかもしれない。狗奴等の勢力に対して出雲は農耕や鉄の利用等々において文化的優越性を保ち得る立場にあり、友好関係を深めることは互いにとって望ましい方向性であったと考えられるからである。本来は「大国主」や「大物主」の名称に象徴される神的存在を崇敬する出雲族であったが、より広域の呪術神たる「クマノ神」をも奉ることにより、東方勢力との連帯を図ったとも考えられるのである。

日本海沿岸から南下、あるいは東進した出雲は、先述したとおり、大陸半島の文化を保有する勢力であり、青銅の利用は生活用具や武器から祭具へと広がってきており、農耕儀礼の重要な資材としても使われるようになっていた。その中に、半島にルーツを持つ小銅鐸から発展した銅鐸があり、農耕の広がりとともに、出雲を経由して東方の地にも波及していったと思われる。

以後の流れを地勢的に見ると、出雲が進出していた近畿周辺地域を、ヤマトがくさびを打ち込んで分断し、東方勢力は分裂を余儀なくされたようにも見える。すなわち、難波、大和、伊勢を結ぶラインによって、東方勢力は分断され、出雲の主勢力は故地に退き、交流を深めていた東方の集団は、尾張、信濃、遠江、駿河、毛野方面に分散することとなった。

その後、ヤマトが、出雲には懐柔策を持って当たったということもあり、出雲族の一部とともに南紀の奥地に潜行したクマノ神は命脈を保って、のちに復活し、再び隆盛を誇った。その時、クマノ神を奉載して南へ落ち延びた出雲の民は、紀伊地方に広がり、定住した者が少なくなかったように思われる。後述するが、出雲と紀伊の間には、強い関係性が見られる。

三輪山周辺から纏向地域一円に浸透していた出雲の主勢力は、故地である日本海方面へ撤退しながらも、鉄資源や半島からの技術等々、日本海域の文化を背負って、基盤とする地域であった山陰地方一帯において勢いを盛り返し、かなりの期間、強く抵抗し続けた。

そのような状況を見据えたヤマトは出雲への対応を軟化させ、出雲勢力に対し、その文化をすべて排除することはせず、指導者についても、ヤマト支配層の中にそれなりの地位を認めたりして、懐柔を図る策を取った。出雲はそれを受け入れてヤマトの傘下に降り、出雲系の物部氏などもヤマト政権の一翼を担うこととなった。

国譲り神話や「大物主」への対処、出雲国造による神賀詞奏上行為等に、そのあたりの経緯が色濃く反映していると思われるのは先述したとおりである。

出雲と熊野との関係で言えば、出雲に関する「記紀」等の文中に、「熊野」の記述が多いことも特筆すべきである。一つの例として挙げれば、「熊野諸手船」といった言葉さえ見られる。

その後、近畿地域で覇権を握ったヤマトと、東方領域に退いて再び勢力を拡げた「狗奴」との間で、異国の魏皇帝の耳にも届いたほどの争乱がしばらく続くこととなった。これは倭国が、呪術的争乱時代に突入していた現われであると考えられる。「日の神」を掲げるヤマトと、「クマノ神」を奉じる「狗奴」との争いは、まさに呪術的争乱時代の峠とも見なし得る様相を呈したのである。

東海、信越、関東等の東方地域には、「クマノ神」を奉戴する勢力が残存し、影響力を持続させたようであり、「熊野」の名称は神社名ともなって各地に名残りを残している。例えば沼津市で発見された東日本最大級の前方後方墳（高尾山古墳）は、東熊堂《ひがしくまんどう》と、その名を地名にも残す熊野神社を墳頂に戴いていたということであり、その態様を今に伝えているのではないかと思わせる。

〈民の集団移動をうかがわせる地名の類似性について〉

なお、地名という面から特記しなければならないのは、特定地域間における地名の類似性ということがある。

学生時代、日本古代史に関心を持ち始めた頃、私は、古代の豪族と地名の関係について調べるため、神田の古書街で大和地域や北九州地方の五万分の一の地図を買い求め、詳細にチェックしたことがあった。その際、両地方の地名に、多数の類似性が存在することに気付いて驚いたものである。

後に、このことを詳しく論じている研究者や文献を知って知識を深めることになったので、細部は、鏡味完二氏や安本美典氏、また奥野正男氏ほかの著書に譲るが、北九州と畿内地方には、偶然とは思えない地名の類似性があり、居住していた勢力の移動、進出を、色濃くうかがわせる状況を呈しているのである。

それは名称だけでなく、土地の位置関係に関わる事項にまで類似性を及ぼしており、その事例の数、現われ方には、集団的な人の動き、人為的、意図的とも思われる作為性が感じられ、明らかに支配勢力の移動を想定させるものとなっている。

例えば、香山、山田、遠市（十市）などの地名の共通性ばかりでなく、大和川を本流として多数の支流を形成している大和盆地の三輪、朝倉、香山の位置と、筑後川を本流とした甘木、朝倉の地形までが類似している。他にも、

〈大和〉大神神社・朝倉・初瀬・白河・白木
〈筑紫〉大神神社・朝倉・長谷山・白川・白木

〈大和〉谷・桜井・三輪・車谷・長岡・八島・乙木・布留・櫟木・千足・田中・池田・奈良・高樋・桜橋・鈴原

〈筑紫〉谷・桜井・三輪・蔵谷・永岡・八並・乙隈・古野・一ノ木・千足・田中・池田・北奈良田・高樋・桜林・鈴野

といった地名の類似性を両地域は持っているのである。

ここに例示した地名は、ほんの一部と言って良く、このような両地域の地名の共通性、類似性を鑑みると、これらの地に、お互い全く関係のない民の集団が、自然発生的に居住していたとは、到底、思えない。おそらく、当地の歴史を背負った民の集団が他地域に移り住み、強い意図を持って当該名称を名乗ったのであろうと考えざるを得ないのである。

(九) 矜持ということについて——史書の読み方　その一

自国にとって益にならない、あるいは意に染まない過去の出来事については、当事国は、可能な限り自国の記憶から排除しようとする傾向がある。それは時の権力者の意思だけではなく国全体の気持ちとして現われるものでもある。すでに広く流布していたり、外国の史書に伝えられていたりして、人々の意識から消し去ることが難しいものは、できるだけあいまいで不分明な記憶にとどめる努力をすることが多い。歪曲や脚色を施す場合も多々あるので、歴史を振り返る際には注意する必要がある。すべてをさらけ出しているように見えるものであっても、核心的なところは秘匿している場合がある。あえて、事実を明るみにする行動に出ることがあったとしても、それは逆に、責任を薄め、潔白を強調するための過去放逐行為、つまり、過去を清めるための、一種のみそぎとしての行為と見ることができる。

このことは、世界を観望すれば枚挙にいとまのないほどの例が見られる。

わが国の正史に、卑弥呼についての明確な記録がないことをもって、卑弥呼は大和朝廷の系統には存在しなかったのではないかという主張がある。しかし、それはそういうことではなく、書紀等の編集に携わった人々の気持ちの中に、魏志等の記録内容を良かれと思わない感覚が存在していて、意図的にあいまいにする方針を取ったとも考えられるのである。「親魏倭王」という称号は、書紀等の作成当時の人々にとっては決して誇るべき名称ではなく、むしろ冊封国という屈辱的な思いを感じさせるものだったに違いない。書紀等の作成時はすでに、「日出處天子致書日沒處天子無恙云々。」の書を隋に差し出したと伝えられる頃よりも、一〇〇年以上の年月を経た時代であったということを忘れてはならない。

中国史書の存在とその内容についての知識は保有していたため、卑弥呼の朝貢は秘匿したい一方、史料等への無知を疑われることを恐れて消し去ることはできず、また、わが国の歴史との整合性をも無視できないことから、時期の調整を図ったりしたうえ、苦肉の策として神功皇后に結び付けて記載することにしたのではないかと思われる。わざわざ皇后の巻を立て、魏志に表記された倭王というのは実は大王ではなく皇后であり、倭を代表する者ではないという形にして朝貢の行為を糊塗しようとしたのではないかとも考えられる。

書紀は、神功皇后として設定した異例とも言える「皇后の巻」に、「魏志云」として、取って付けたように倭関連の記事を挟んでいるわけだが、そこに「親魏倭王」の文字は無い。その行間からは、「朝獻」はしているが、「服属」したわけではないという、編集者の苦渋の気持ちが立ち昇ってくるようにすら感じられる。

「轉至山門縣、則誅土蜘蛛田油津媛。」といった記事や、前代仲哀天皇の巻の「伊覩縣主祖…抜取五百枝賢木…参迎于穴門引島而獻之。」等々の描写は、魏志の記事をカムフラージュするため、あえて挿入したのではないかとも思える。

この記述の仕方は、宋書に伝えるいわゆる倭の五王の扱いと、軌を一にする行為であると言って良いように思われる。宋書において、あれほど明確な記載がある、「倭の五王」の行跡について、書紀等は一切触れていない。逆に呉からの貢献といった記事、また半島へのわが国の攻勢に関する記載が頻出しており、彼我の史料を照合すると、わが方の構図は、史書として不完全であるとすら思える状態となっている。

この事項について一言も触れていないということは、魏志の時代とは違い、中国や半島に関連する情報の無知を懸念しなくても良い状況があり、宋書の記載を尊重しなければならない必要性がなかったからであると思われる。あえて削除したともとれるこの態様は、書紀等の編集者の当時の心持を今に伝える、確かな例証ともなるのではないか。この記述の仕方からは、隣国の冊封国と見なされる表現を嫌忌するとともに、あくまでも主体はわが国にあるという、熱い思いが伝わってくるように感じられる。

そのように考えると、魏志に伝える、魏王が卑弥呼に授けたという金印は、すでに亡失してしまっている可能性が高いと言えるかもしれない。前述したとおり書紀等の編集者は、卑弥呼等の伝承を史上から抹殺したがっている、つまり「朝貢」の歴史を消したがっているようにすら見えるので、その証拠たるべき事物を隠滅することも考えたであろう。勿論、それまでの過程の中で、政権の「重要遺品」あるいは「個人的所有物」として秘匿されたり、墓に副葬されたりして、現物や痕跡が残存している可能性はあるだろう。しかし、それらの事物がもし政権の中枢において継承されてきたとするならば、どこかの段階で廃棄されたり、熔解して他に転用されたりといったことも行われたのではないかと疑われる。こういった類いの印は、使命を果たした後は返上されるものとの考え方があるが、当時の異国との関係性を考慮すれば、返還といった行為が取られることはなかったと思われる。二〇〇〇年近くを遡る、例の「漢倭奴国王」金印についても、出土状況を鑑みるに、あるいはこのような背景を抱えていたが故の現われ方なのではないかとも思える。複雑な過程、流浪を経た後にあの場所に埋もれ、幾星霜を経て偶然掘り出されたのではないかとも推測されるのである。

当時の倭国中枢に存した人達の矜持というものは、考古学の視点からもうかがい知れるようである。松村恵司氏によれば、藤原京は中国でも建設されていない前例のない都城を、あえて造営しようとの意識が強くうかがえるということで、「あえて同時代の長安城を模範とせずに古典籍の中に理想の都を求めたのは、唐への強い対抗心の表れであると見られる。また、銭貨についても、唐の銭貨を模倣せずに大きさや重量の規格だけをあわせて富本銭を発行した事情と通底するものがあると思われる」とのことである。事程左様に、書紀編纂時のヤマト宮廷の人々の心の中には、すでに唐への対抗心が大きく広がってきていたと考えられるのである。

武田祐吉氏も日本書紀解説（「日本古典全書」朝日新聞社）の中で、次のように述べている。

「日本書紀の出来た時代は対外関係の発展にもとづく国家主義の高調に達した時代であって、日本書紀自身も国家の文化施設の一つとして要求されたものであり、従ってこの書には、国家意識が根幹を成していることが窺われる。」

さらに、倭国中枢の矜持を表わす例としては、応神二八年、高麗王からの「表《ふみ》」に「教日本國」との表現があり、時の太子がそれを読んで大いに怒り、高麗の使いを責め、その表を破り捨てたといった行為が掲載されており、矜持の強さをうかがわせるものとなっている。

（一〇）言語表示ということについて——史書の読み方　その二

古における諸々の状況を考える場合、忘れてはならないことがある。それは、それらの時代の人々は、いわゆる二次元の世界に生きていたということである。現代人が有する三次元の思考は持ち得ていなかったということを認識しておかなければならない。持ち合わせていたとしても、部分的な、ごく狭い領域にとどまっていたと考えるべきである。

われわれは、地図や航空写真等によって九州がどのような形でどこにあるのか、本州はいかなる形状をしてどのように展開しているのか等々、詳細に理解したうえで物事を考えることができる。しかし、彼らはそうではない。上空からの俯瞰図や視覚可能な地図を持たず、自らの足、感覚を頼りに状況を把握するしかない。従って自らの居住地、そして関連ある地域との関係は平面上で認識するほかはなかった。星や太陽の位置等から、方位に関しての知識は相当有していたと思われるが、地形の展開、すなわち、当該地がどのような形状でどのように伸展しているのか等々については、観念的、大づかみに把握するしか方法はなかったと考えられる。

中国史書が伝える倭国への道程について、その解釈は百花繚乱の趣を呈している。それぞれの言い分にはそれなりの根拠があり、なるほどと思わせるものも多い。

しかし、われわれが忘れてはならないのは、写真等、明確に視覚的に示す手段を持たない人々にとって、道のりを言葉で客観的に表示するのは困難を極めるということである。現代に生きるわれわれであっても、言葉のみで他人に道順を教えることがいかに難しいか、電話等の場面で実際に行ってみると良く分かる。方位についても実にあいまいで大雑把な物言いになってしまうことが理解されるだろう。方位表の右半分に当たる方角を東の方と言ったり、下半分に当たる方角を南と言ってしまったりすることに気付くはずである。そのことを十分に認識したうえで、倭人伝等の記載を柔軟に解釈する必要がある。

魏志において、倭人と倭女王国領域内で進行標示として示される方位は、「東南」「南」

「東」だけであり、まことに大づかみなナビゲーションとなっている。雑多な説が出現する要因はここにもあるわけだが、記載された方位を厳密に解釈して考証するのはそろそろやめにしたいものである。当時の記述者は二次元の感覚しか持ち合わせていなかった人々であったと考えて良く、正午頃を基準に太陽を前方向に見て、実際に進む方向がそちら側であれば南の方角、左方向であれば東の方角等として大まかに認識していたに違いないと思われるからである。

〈魏志が伝える邪馬台国圏内の状況について〉

邪馬台国に至る方位については、前述の考え方を踏まえ、魏志の作者は、日本列島を観念的に捉えて、南の方向へ伸展していると考えていたであろうという通説の解釈を尊重し、そのうえで、魏志が伝える当時の倭国の状況について考えてみたい。

この問題に関しては、すでに多くの方が考察されているので、全体にわたる詳細な説明は省略し、ここでは、行程中の「投馬国」に焦点を当てて掘り下げてみたい。

魏志において、倭国内の邪馬台国に至る行程の中に記載されている各国の規模は、

対馬国―千餘戸　一支国―三千許家　末盧国―四千餘戸　伊都国―千餘戸※
奴国　―二萬餘戸　不彌国―千餘家　投馬国―五萬餘戸　邪馬台国―七萬餘戸
（※「翰苑」所引「魏略」には戸萬餘とある。）

となっており、投馬国は、盟主国である邪馬台国に次ぎ、他を圧倒する規模を持つと言えるだろう。近代以前においては、一定の勢力圏内で抜きん出た規模を持つ地域は、その勢力圏内で何らかの背景を持ち、特別な立ち位置を有することが多いと言える。これは歴史の定則の一つであると言って差し支えないと思われる。この場面での邪馬台国がまさにそうであり、この七萬餘戸と記された勢力圏内での最大の規模は、盟主としての地位を表わすものとなっているのは言うまでもないだろう。

それでは、盟主に次ぎ、他の諸国をはるかに上回る五萬餘戸の規模を持つと記載された投馬国を、どう評価するかということであるが、私は、他と比較してこれほどの戸数を持つ集団というのは、当該圏内において重要な役割を有する立場にあったのではないかと考えている。

それは、半島への表玄関に当たる北九州地区と邪馬台国をつなぐ、中継拠点という役割を担っていたのではないかということである。いかに荒海ではない瀬戸内であると言っても当時の航海技術では、渡海や運送ということにおいて中継地点の役割が重要であったのは間違いなく、大舟の停泊地として投馬国の地域一帯は大きな役割を果たし、結果として大規模な集落に発展することになったのではないかと思う。魏からの使節はそこに停泊してしばらくの時を過ごし、再び船を利用した場合は当地から難波津を目指し、陸行した場合は、威儀を正して民に魏の威光を示しながらゆるゆると沿岸部を進み、邪馬台国の中心部へと向かったのであろう。

「水行十日、陸行一月」の表記は、「水行＋陸行」とも理解できるが、ここでは一般的な解釈に従い、「水行あるいは陸行」の意と解する。

魏志が記す、倭国内での邪馬台国に至る行程は、次のようになっている。

対馬国↓（南渡一海。千餘里）一支国↓（又渡一海、千餘里）末盧国↓（東南陸行五百里）伊都国↓（東南百里）奴国↓（東行百里）不彌国↓（南、水行二十日）投馬国↓（南、水行十日、陸行一月）↓邪馬台国

この行程の中で、投馬国から邪馬台国への日数を、「水行十日＋陸行一月」と解釈するなら、投馬国は日本海沿岸地域のイズモやタジマ辺りの地に比定すると矛盾が少なく、理解が得られやすいように思われる。しかし、イズモは、ヤマトに抵抗していたと見られる勢力であって、その拠点周辺の地域に外国使節の行程を組み入れることは考え難いと言って良いだろう。次項に記すように、異国への対応措置として、それは歴史の定則に反するとも言えるものであり、やはり、ヤマトが示す行路は、自らが制したと言える瀬戸内海領域に比定すべきであるだろう。

とすると、これだけの規模を持つ国が何処に存在し、邪馬台国の勢力圏内でどのような地位を占めていたのかということであるが、私は、先述したとおり、この地域は、ヤマトが東行し発展する過程において、中継地として重要な位置を占める領域となっており、最も信頼し得る氏族に統括させていたのではないかと考えている。

九州南東部に浸透したヤマト氏族は九州北部で勢力を伸ばし、やがて、より広大な土地を求めて移動することになったが、その勢力はヤマト一族のみで構成されていたわけではなかったと考えられる。書紀神武紀においては、海上で珍彦《うづひこ》（椎根津彦―倭直の祖）に出会ったり、宇佐でウサツヒコ、ウサツヒメ（天種子命―中臣氏の祖―の妻）に会ったり、紀伊では日臣（道臣―大伴氏の祖）に導かれたりする記述がある。書紀にはほかに、大伴氏で言えば、一書曰くとして神武の曾祖父に当たる天孫瓊瓊杵尊《ニニギノミコト》が、天磐戸を引き開け、天の八重雲を押分けて降臨した際、大伴氏の祖、天忍日命が大来目を率いて出迎え、先導したとの記載もあり、その他、一書曰くとして、様々な氏族の関わった伝承が付記されていて、数多くの氏族と関係を持ちながら進行したことがうかがわれるのである。

大伴は、「トモ」に「大」の字が付けられた氏族であって、ヤマト勢力発祥の頃からヤマトを支え、常に行動をともにしてきた一族であると考えて良い。この氏族も海と関係の深い集団であったことは、難波津に「大伴の高師の浜」と呼称される浜があり、後に遣唐使船の発着場とされていたことなどからもうかがえると思われる。

当時、すでにヤマトの勢力圏内となっていた、大陸・半島の受け入れ口である北九州から難波にかけての瀬戸内海は相当な距離を有するため、中継の地が必要であったことは間違いないだろう。幾つかのポイント地点が考慮されていたと思われるが、中でも中間地点となる良港には、人が集い、かなりの規模の集落が形成されたと考えられる。

私は、その地が、「鞆《とも》の浦」と呼ばれる地域から吉備方面にかけて広がった、良港を伴なう沿岸地帯であり、そこが「投馬国」と呼称される区域になったのではないかと考えている。その辺り一帯は、ヤマトに先立って進出し、ヤマトの船団を先導する形となった「トモ」一族（後の大伴氏）が、先住の民を制し、吸収する形で、進出当時は守護の任に当たったのではないか、そして、その地域が、「トモ」の国――つまり、魏志の伝える「投馬国」と称されるようになったのではないか、その地が、九州と難波を結ぶ航路の中継地点となり、邪馬台国の玄関口である難波津（大伴の高師の浜）を目指す重要地域となって人口が増え、賑わいを見せたのではないかと考えるのである。

後世においても、風光明媚なその周辺の海域には、半島からの使節がしばしばとどまり、饗応を受けたと伝えられている。

北九州に上陸した魏の使節は、邪馬台国の出先機関が設置された伊都の地で官人の歓迎を受けた後、奴国を経由して不彌国*に至り、そこから船を利用して、早鞆《とも》の瀬戸と称される海域を抜け、二〇日にわたる瀬戸内への航海に出立し、投馬国を目指した。そして中継地たる投馬国に滞在して心身を休め、再び、船あるいは陸路で、邪馬台国へ向かったのだと思われる。魏志に記す、魏の使節の邪馬台国圏内における行程は、このようなものだったと考えて良いだろう。（＊私は現在の福津・宗像近辺を想定している。）

〈高地性集落についての考え方〉

弥生時代に限らず人間が暮らす集落は、当然のことではあろうが、一般的には日常生活に適した場所に営まれるものである。しかし、この時代、農耕や通常の生活には全く不適当と思われる高所に立地する集落が出現している。しかも、特定地域に集中した出現の仕方となっているのである。このような特異とも思われる集落群が、主として瀬戸内海沿岸から大阪湾周辺に限られる状態で現われており、何らかの意図、目的を持って営まれたものと判断せざるを得ない状況を呈している。

弥生時代中後期から終末期にかけて形成されたと想定されるこのような集落は、おそらく、防衛機能を持たせたものであろうと考えられている。それは、瀬戸内海沿岸を進行してくる勢力に備えて設営されたように見なされるからであり、このような形でのこの時期の集落は、北九州地域には存在しないことから、東に向かって進攻してきた勢力に対するものであると考えられ、この時代の倭国内の状況を反映していると想定されるからである。

多分、その捉え方は間違っていないであろう。このような集落には、通常の生活が営まれた形跡があまり残されておらず、むしろ非日常的対応が取られた跡——抗戦的機能が色濃く残存していると見られるからである。

時代は下るが、中大兄皇子等が中心となって敢行した「乙巳の変」（西暦六四五年）の後に、騒乱状態となっていた半島で唐が攻勢を示し、新羅と連合して百済を滅ぼすという事態が起きた。（西暦六六〇年）

日本は百済を支援し、翌年暮れに、斉明天皇、中大兄皇子、大海人皇子らが出兵するが、白村江の戦いにおいて敗れ、急遽、自国の防衛を固める必要に迫られた。戦の結果が、わが国に与えた衝撃は計り知れないものがあったと考えられ、大陸・半島の勢力が、今にも列島に攻め入ってくるのではないかという恐怖感にも襲われたことであろう。

直ちに、防衛態勢を強化することとなり、侵攻軍に対応するための城を築くこととした。そして、いわゆる朝鮮式山城と称される城を築城したのであるが、九州においては、金田城、大野城、基肄《きい》城等、中国地方には長門城、常城、鬼ノ城等、四国には永納城、城山城、屋島城等、近畿には高安城等、多数の城が備えられたのである。

その時はそれらの防衛施設の構築ばかりか、宮都自体を移転することさえ決められて、飛鳥の地を離れ、はるか琵琶湖のほとり――大津京に遷都することすら実行された。幸い、唐・新羅の進攻はなく、都は五年後、壬申の乱を経て再び飛鳥に復したが、首脳陣の当時の狼狽ぶりが伝わってくるようでもある。

この例は時代を下ってのものではあるが、ヤマト東進当時の状態を彷彿とさせる動きを示しているように思われる。瀬戸内海沿岸を舞台とする攻防を想定した場合、防衛する側の心理としては、まず第一に、沿岸から距離を置いた山城構築といったような方策を取るであろうと考えられ、高地性集落の設営は、この場面の状況と相通じるものが存在するように思われるのである。これも歴史の定則的発現の一つと捉えて良いのではないだろうか。

なお、高地性集落ということについては、小野忠熙氏「高地性集落論」(『三世紀の考古学』所収)や奥野正男氏「邪馬台国の東遷」等の著作に詳しく述べられているので、詳細はそちらに譲ることとしたい。

（一一）修飾ということについて――史書の読み方　その三

外国からの使節や客人等の訪問者に対して、訪問される国の人々は、可能な限り自国の良いところ、長所などを目にしてもらおうと努力するものである。さらに、現状以上の力や威信を見せつけようとさえするものである。従ってその紹介や説明の言葉の中には、装飾や誇張が盛り込まれている可能性のあることを忘れてはならない。だから、使節等の面前で自国の恥をさらすような騒擾状態を起こすことは、基本的にあり得ない――言い換えると、もし記述されているとすれば、それは、あえて記すという意図的な思いが存在することを疑うべきである。

魏志等に記された内容は、主として被訪問国側からの教示情報に基づいて記録されたものだと思われる。そうでない部分は使者が道すがら目撃した状景や準備された視察、それをもとにした質疑応答等から使者側が推断を含めて描出したものであろう。現在でもそうであるが、視察や訪問者に相対する場合、対応者は相当な緊張感を強いられるものであり、答える際には、自らの益にならないことや都合の悪いことはできるだけ隠そうとするのが通例である。ましてや相手が異国の客人であればその思いは倍加するであろうから、その受け答えに当たって、誇張されたところや秘匿された部分は、甚だ多かったと考えられる。従って、その内容については十分吟味して解釈する必要がある。

先ほど触れた、いわゆる大化改新（乙巳の変）の幕開けとなった蘇我入鹿の謀殺場面について、書紀は中大兄皇子を中心とした反蘇我本宗家勢力が、三韓進調の儀式中に襲撃を行った旨の記述をしている。しかし、これは作成者の意を含んで構成され、記録されたものと考えるべきである。重要な外国使節の面前で騒擾状態を展開したり、自国の内紛をさらすようなことは、基本的にあり得ないことであり、実行者の強い意思と果敢な行動力を世に広く知らしめるため、脚色が加えられたものであると思われる。逆に言えば、書紀の記述者はそうしなければならない背景を持っていたということになろう。

ただ、虚偽や無根の事項で時の実力者蘇我入鹿を欺くことは難しかったはずで、三韓の遣いが、当時、わが国を訪問していたのは間違いないことと思われる。書紀には、謀殺敢行の翌七月に三韓使節が天皇に謁し進調を行った旨の記載が見られる。

おそらく、天皇を含めて迎賓行事等に関わる調整や打ち合わせが行われていて、そのいずれかの機会を捉えての実行だったのではないかと思われる。あるいは、物語めくが、偽りの進調儀式を巧妙に設定して、入鹿をおびき出したということも考えられなくはない。古人大兄皇子が私宮に走って発したという「韓人殺鞍作臣」という言葉の意味を勘案すると、偽りの儀式中に、韓人を装った中大兄派の人間が決行したということも考えられるかもしれない。

つまり、重要な客人の面前で変事が起こされたということがあれば、それはその事実自体に重い意味が付されていると考えなければならないということになる。

鎌倉時代になるが、源実朝の右大臣就任を祝うために京から訪れた公家の面前で、しかも公家と武家の協調の象徴とも言うべき鶴岡八幡宮の境内で、実朝が暗殺された出来事は、朝廷と幕府の融和を快く思わない勢力が、時と場所を意図的に選択して起こした事件であるとも解釈できるのである。

（一二）伝聞ということについて――史書の読み方　その四

他国に関する外国史書の記述は、伝聞や聞き取りによるものが多かったと思われ、問いと答えの間には、正確性や整合性に欠ける内容が相当数存在したと考えなければならない。記述者が実際に現地に赴いたり、現場を検分して記録したものは数少なかったと考えられるので、精緻な観察記録とはなり得なかったり、食い違っていても推測のうえで判断され、伝聞に基づく情報が、そのまま記載された事項は数多くあったであろう。従って、他国地域の慣習や風俗、生活状況等、文化的な態様についての記載を、現実の状況として認識し、厳密に分析すると、誤りを生じてしまうことがあるので注意しなければならない。

前項でも触れたが、魏志の記述は倭国側からの聞き取りに基づくものが多かったはずで、問いと答えの間にはかなりの齟齬があった可能性がある。つまり、倭国側の回答は、問いの意味を取り違えたり、意味を理解しないまま応答したり、あるいは故意に歪曲し相手側の意向に沿う形で返答したりすることが、相当数存在したに違いないと思われる。文化基盤、知識程度の格差や、理解力、認識力の違い、さらには情報共有の隔たりなどによって、見当違いな受け答えもあったであろうから、社会制度や墓制等についての記述を厳密に解釈すると、思わぬ落とし穴に落ち込む恐れがあるので気を付けなければならない。

現代のように、玉石混交の情報が激しく飛び交う社会にあっては、その確認作業が取得の努力以上に重要となることが多いが、ただしそれは、基本的にはいつの時代にあっても同様であると言えるだろう。また、確認の作業はこれも時代を問わず大変難しく、伝達手段の未発達な時代においては至難であったと思われ、伝聞事項がそのまま事実として記録されるという状況が通常のことであっただろう。

政治心理学で説かれることであるが、人間は関係者から直接伝えられるよりも、第三者の口を通して語られる事項を、より強く信じてしまう傾向があるとのことであり、対応する回答者の伝聞情報を、疑うことなく記録に残すといった事態は、往々にして起きていたと思われる。従って公式に記録された事項であっても、伝聞による記録がほとんどであったと推定される史料の取り扱いには、十分注意しなければならない。

例えば、倭人の葬制として魏志に記載されている、「棺有れども槨無し」といった描写についても、おそらく倭の対応者の口からもたらされた情報に基づくものであろうから、魏の使者の高評価を得るための〝創られた情報〟である可能性を考慮する必要があるだろう。こういった話の内容は、実態云々よりも、倭の対応者が、倭に対する魏使の評価を高める方向へ話を合わせるといった状況が十分考えられるからである。「有棺無槨」の葬制が、礼にかなっていると当時の中国で考えられているとの情報を得て、魏使の問いに対し、倭人側から状況を忖度して回答するといった場面があったかもしれないと思う。

歴史上において、計略に基づき、故意に流された伝聞情報は数知れずあり、それによって、世の潮目が変わり、以後の歴史が変貌したと思われる事例がある。甚だしい場合は、歴史が書き換えられたと思われる場面さえ存在するのであり、このようなことも、歴史の定則の一つとして考慮しておく必要があるだろう。

（一三）モニュメントについて――最高権威者への勲章

周囲を威圧するように建設・造営される巨大なモニュメント的構築物は、その時点での最高権力者あるいは同等の権威を持つ者のために、建造されるものである。それは隔絶した力に与えられる勲章であり、圧倒的な支配を象徴する記念碑に他ならないからである。従って、単なる血縁者や、いかに権力への貢献があったとしても、補佐的地位にある者等に対して付与される性格を持つものではないと考えなければならない。

辺りを圧する巨大前方後円墳についても、同様のことが言える。そこに祀られている者は、トップとして崇められる権力者あるいは周囲の者を畏怖させるだけの権威を持った者と考えて間違いはない。

形態が一種の文化として定着すると、それを模した形で、類似の地位の者にも適用されていくことになるが、当文化の嚆矢とも想定される、あるいは、それに近い時代での巨大古墳の造営は、隔絶した畏敬の対象となる者に対し、その権威を明らかに表象する形をもって捧げられた行為であると考えて間違いないであろう。

奈良県纒向遺跡近くの、いわゆる箸墓と呼び習わされている古墳の被葬者については、かねてから諸説が出されている。古事記に記載はされていないが、書紀には大市墓と記され、孝霊天皇の皇女である倭迹迹日百襲姫の墓であるとされている。

しかし、古墳時代の幕開けに当たるとされる時期にあって、あれほど巨大な古墳が、一皇女のために造営されるものであろうか。姫には諸々の伝承が付加されているが、むしろその語り口の裏側には、何やら押し隠したい事実が秘められているようにすら思えてならない。あのような形態を持つ墳墓は、当代を代表する傑出した権威の保持者に付与されるものであろう。史書を通覧して浮かび上がってくる対象者は、やはり魏志にその名を記す卑弥呼クラスの存在であるとしか思えない。

魏志の記述をあれほどそっけなく扱っているように見える書紀ですら、特別に「皇后の巻」を立て、神功皇后という存在を浮上させ、魏との交流を記述し、「女王X」の影を匂わせている。それほどのインパクトを卑弥呼は有していたと考えられるのである。

神功皇后をその時代に登場させようとすると、書紀編纂者は、魏志に記載された明帝の景初時代や少帝の正始時代に合わせて考えざるを得なくなる。それは西暦で言うと、紀元後二三〇年から二五〇年あたりであるので、構想する神武紀元とは全くかけ離れた年代となってしまう。

で、書紀編集の担当者達はその扱いに苦慮し、後述するように崇神天皇の治世を三〇〇年以上も遡らせ、天皇の大叔母に当たる倭迹迹日百襲姫を登場させて箸墓古墳の被葬者と為し、諸々の伝承を纏わせることによって偽装し、卑弥呼の存在自体を記憶の奥底に沈み込ませることにしたのではなかろうかと思う。

ただその時代に生きた人々は、実像に深い思いを込めたに違いないと私は思っている。ヤマトが神宝として崇め、女王の表象ともしていた大鏡を、格調高い台座に安置して三輪山を望む地に刻み込み、三輪山に祀り上げた大物主の神威を抑止するとともに、ヤマトの為した偉業を末永く後世に伝えようとしたのではないかと考えている。

なお、前方後円墳と称される墳墓の形態については、何を表象したものであるのか、古来から諸説が出されているが、これはやはり、ヤマトにおいて最も重要な神宝として崇められてきた大鏡を台座に安置し、大地に刻み込んだ形を表わしているのではないかと私は考えている。社に参拝して、社殿の奥に祀られている大鏡を仰ぎ見るたびに、私は、これこそ、あの〝前方後円〟発祥の形であるとの思いを強く感じてならないのである。

（一四）カリスマ性ということについて——時代の変遷を促す権威者の登場

メディア等によって多くの情報が流され民主主義が基調となっている現代にあっても、集団のリーダーには、応分の資質を有することが求められるが、昔日においては、現代とは比較にならないほどのカリスマ性が必要とされたと考えられる。

社会が安定した状態ではなく、血統等の要素による支配が確立していない時代において、集団の中で頭角を現わし人々を率いるには、並はずれた資質、能力、換言すれば他と比して身体的かつ精神的な違いを有し、何らかの傑出した優位性を備えている必要があった。

現代のリーダーにも、統率者としての資質は当然求められるが、社会組織が安定していなかった時代においては、比較にならないほどの肉体的、精神的なカリスマ性が必要とされたのは間違いないであろう。

魏志に伝えられる女王卑弥呼は、おそらく、強い呪術力を政治力の方向に導き、呪術的争乱に終止符を打つほどの、卓越したカリスマ性を備えていたに違いないと考えられる。七、八〇年も続いた抗争の末に共立され、争乱が収束に向かったというのは、並大抵の状況ではない。統治組織の確立されていない動乱状態のさなかに、その時点では多分、世襲といったバックグラウンドを背負っていなかったと思われる女性が、権威を持ち得たのはなぜか。それは女性特有のカリスマ性、すなわち、隔絶した美と烈の要素を備えていたからに違いない。

神々しいばかりの美しさとシャーマンとしての烈しさは、権力者のみならず、民からも畏敬と崇拝を受け、集団の求心力として力を発揮したのではないかと思われる。呪術的争乱に区切りをつけ、次の時代へ飛躍させる原動力ともなった、まさに時代の掉尾を飾るにふさわしい存在だったと見て良いのではないだろうか。

卑弥呼が没した時の状況を、魏志は伝える。

「更立男王、國中不服。更相誅殺。當時殺千餘人。」

次に立てた男王では国は治まらなかったということであり、未だ身に纏う強力な精神的背景、つまり、呪術王の集大成としての霊力が必要とされたのであった。

後述するが、その後、次世代を担う、征服王たる崇神天皇が、卑弥呼の有縁者の中から年若い台与を選び出し、巨大墳墓が醸し出す霊威を巧みに引き継がせて世の騒擾を鎮静化させ、四囲の制圧に乗り出していったと考えられるのである。

（一五）年代考

記紀は、それなりの編年思考に基づく編纂がなされているが、多くの先学が指摘するように、その年代が事実を表わすものとなっていないのは間違いないと思われる。

当然のことながら、私自身もそのように感じ、日本古代史の探究に手を染めた学生時代、事実に近い数値を推認する、何らかの方策が存在しないものかということについて、思考を巡らせ続けていた。

現在と同様、陵墓の発掘は認められていなかったので、考古学的な方面から事実を追究し得る根幹資料は、おそらく、当分の間、出現しないだろうと見切りをつけ、取りあえず、文献等言語資料からの究明を行うこととし、中国史書等との照合に力を注いでいた。図書館に通い詰めて調査を行った次第であるが、当時はネット検索といった便利なものは普及しておらず、カードを徹底的に手繰るという作業に没頭していた。

そこでまず気が付いたことは、世襲的権力者の在籍年数等は、時代と区域に広く網を投げて平均的に数値を算出するならば、世界的に通用する何らかの共通した数字が現われるのではないかということであった。それはまさに、定則的に発現する数字として捉えられるものになるのではないかということでもあった。そして、その数字をわが国の天皇に当てはめて考察することにより、一定の手掛かりが出現してくるのではないかと考え、調査を続けたのである。

結果、京都大学文学部各研究室編「東洋史辞典」「西洋史辞典」（東京創元社）等々を活用し、参考とし得る多くの数値を手にすることができた。

分かったことは、予想していたとおりではあるが、記紀編纂時に為されたのか否かはともかく、記紀の年代を考慮するうえにおいて、創られたり調整されたりした数値は、間違いなく多数に上るだろうということであった。

それは、神武天皇から武烈天皇までの在位年数を天皇の数（摂政を含めて）で割った数――すなわち、平均在位年数を算出すると四二年となり、崇神天皇以前で区切るとすれば、五六年にもなるということからうかがわれたのである。

世襲的権力者の平均在位年数を見ると、わが国の天皇の場合、創られた存在ではないと推定し得る推古天皇から九九人の天皇（そのうち弘文・今上天皇を除き九七人）（南北両朝を繰り入れる）の平均在位年数は一五・三年であり、重祚天皇二名を各一人とすれば一五・六年となる。（なお、推古天皇後約五世紀を、ざっくり切り取って平均すれば一二年余となる。）

因みに、把握可能な東洋（主として中国）における一世紀から六世紀までの世襲的権力者の平均在位年は、一六・三年であり、西洋（ローマ教皇・皇帝、パルチア、東ローマ、西ローマ等）においては一三・一年となっている。対象を世界に広げて平均値を求めるとすれば、わが国全体の数値と比較しても、極端に乖離するものではないということが理解された。わが国の記紀編年上の四〇年五〇年という数値は、いかにも長すぎると考えなければならず、やはり細工された可能性が高いと認識すべきであると思われた。

勿論、在位年数は時代によって長短があるが、日本の実在が認められる天皇を対象とした場合、どの時代であっても五世紀を平均すると、在位年数が四〇年を超えることはないということも分かった。

平田俊春氏は「神武天皇紀の紀年の意義」で「魏志倭人伝にも『其の人寿考或は百年或は八九十年』と日本人の長命を特筆している事から古代の日本人は非常に長生きであったことが当時の中国人の注意を引いたほど」であり「これが伝承としてそののち次第に生長して上古の天皇の長寿の伝説を生じたのであろう」と論じている。記紀記述に至る経緯の解釈としては面白いが、異国の使者自身が調査したわけでもないであろうから、魏志の記載が当時の倭人の長命を証するものでないのは言うまでもなく、また、倭人自身が、自国民の寿命を過大に語った可能性もあると思われる。

里程の記事などにも通じるものであるが、先述したとおり、使者自らが確認することは少なく、伝聞の数値等によって記述することが多かったであろうから、使者が歪曲を行ったということではなく、彼らの得た情報そのものが誤っている場合が多々あったであろう。「誤った情報」は、むしろ、倭人側が意図的に流したと考えることもできる。国の誇大宣伝はごく普通に行われるものであり、と同時に、受け取る側がそれを利用して、文学的潤色を施す場合も大いに考えられるのである。

それはともかく、書紀等の記述には、調整する必要のある数値が間違いなく潜んでいるということが認識されたのであるが、仮に記紀記載のとおり、神武天皇から欽明天皇まで二九人の天皇が実在したとして、日本天皇の平均値に照らして考えると、敏達天皇即位西暦五七二年を基点とすれば、神武即位は、紀元後一六〇年前後となる。（推古天皇後五世紀平均の数値を当てはめると、紀元後二〇〇年前後となる。）

一九五〇年時点での、全世界、全時代を平均した数値一七・七年を当てはめても紀元後六〇年前後となり、いずれにしても記紀記載の年代は大幅に時代を下らせなければならないということが推定し得るのである。

このようにわが国のみならず、世界に対象を広げて、世襲的権力者の在位年数の平均値を求めることにより、おおよその実質年代を割り出せるのではないかと考え、私はさらに調査を進めていった。その後、安本美典氏が同様の考え方を適用し、統計学的知見等をも駆使して、詳細に検討されていることを知り、方法としては間違っていなかったと認識して、安堵の気持ちを持つに至ったということを、僭越ではあるが付記しておきたい。

なお、安本氏は、「西洋においても、東洋においても、わが国においても、西暦紀元以後の『王』の平均在位年数は、時代を遡るにつれ、短くなる傾向がみられる。これは、かなりはっきりとした傾向である。」と指摘し、その理由を説明されている。詳細は、氏の著書「新版・卑弥呼の謎」（講談社）ほかを参照願いたいが、その考え方をも援用すれば、神武紀元の実年代は、西暦紀元後二世紀後半に想定することは妥当であると考えて良いのではないかと思われる。

第二部　倭国黎明期の展開

以上、日本古代史を顧みて、定則的に展開する可能性が高いと考えられる場面・状況を取り上げ、一五の事項について分析を試みた。これらに関する考え方を基本に据えて、倭国黎明期の展開を俯瞰すると、ヤマトの、現代にもつながる、国としての発祥そして成長、発展は、次のような形を取ったのではないかと考えられ、その軌跡が、歴史の底から浮かび上がってくるように思われる。

（※印…中国史書の記録）

（一）九州における海の民の集団

後にヤマト国を成立させた集団の基礎を占める人々は、はるか時代を遡れば、大陸南方から台湾等を経由して琉球列島に住み着き、その後、九州地方へ北上してきた海の民の一団であった。

その人々は、複数の集団で構成されており、新たな地を求めるという強い意思を持ち、

探求心を備えた集団であったと考えられる。（注）

当初集団は小集団に分かれて各方面に散っていったが、後を追うように多数の民を擁する一団が渡来し、二つに分かれてそれぞれ別の方向へ進んだ。

一つは、九州南東部を足掛かりに北方向の海沿いに集落を形成する集団、今一つは大隅半島から南西部の薩摩半島方面へ進行する集団であった。

南東部から北方向へ進んだ集団は、宮崎平野から大分平野、そして国東半島を経て中津平野方面へと浸透していった。人々は、主として漁を生業とし、漁の合間には南方系の畑作にも従事して、居住する地盤を周辺領域に築いていった。集団には、「トモ（伴）」と名乗る氏族等、様々な氏族が混在していたが、次第に頭角を現わし始めた氏族があった。海《アマ》の果て、天《アマ》と融け合う混沌とした世界から太陽に導かれて誕生し、海と天双方の〝気〟を受けた民であるとの伝えを持つ、「アマ」と称する一団であった。覇気に満ちた集団はいつか衆望を集め、ことに当たっては他族を牽引する勢いを示し始めていた。

一方、大隅半島から南西部の薩摩半島方面へ進行した集団は「クメ（久米・来目）」を名乗る氏族が中心で、「アマ」族等と同様に、当初、漁を生業としていたが、次第に山地へ分け入って、狩猟に注力するようになり、武力に長けた氏族として成長した。

（注）「英科学誌　サイエンティフィック・リポーツ」掲載、日本台湾等研究チーム論文（２０２０）参考

（二）「アマ」族の興隆と「クメ」族の服従

猟に力を入れるようになった「クメ」族は、やがて、猟場を求めて丘陵地帯を越え、「アマ」や「トモ」族等居住地の近傍にまで進出して、時にトラブルが起きるようになった。漁場では特に問題が生じることはなかったが、猟の際、獲物を追って畑作地に進入したりすることがあり、いさかいとなることがあった。いわゆる「紛争的争乱」の入り口に差しかかり始めていたということが言えるだろう。

クメ族の行動は、にわかに強まった武に頼って高圧的な対応を取ったということでもあったが、人口の差は大きく、トモ族と協力して対抗したアマ族の勢いには対抗し得ず、以後、アマとトモ両族に帰服し、その支配を受けることとなった。

そのような経緯を経て後、トモ族もおのずとアマ族に臣従する形となり、アマ族は周辺地域の中心氏族の位置に立つこととなった。

記紀における九州南西部での「クマソ」等への対応に関する説話は、このあたりの顛末が、伝承として反映されたものと思われる。

(三) 九州北部の状況

やがて九州北部には、大陸半島方面から、新興勢力に追われたり、新たな土地を求めたりして、渡来民がさみだれ状に流れてくるようになった。その者達の多くは、水稲農耕の技法を持ち、鉄を使用した農具等を含む新しい文化を保有していた。

当該地域一帯にも海の民が居住していて、漁とともに畑作も行っており、周辺の島や沿岸に先行して住み着いていた民と同様に、早くから陸稲等の知識は得ていたので、集団の有力者達はいち早く新来文化の有用性を理解し、友好的に民を迎え入れた。

(西暦紀元前五〜六世紀頃)

（四）渡来民との交流

海の民は基本的に、漁を行うために必要な場所と、住むに十分なところ以外には、土地というものにあまり執着する気持ちを抱いていなかった。渡来した者達が望めば、使っていない土地を利用させることに、それほどのこだわりを持たなかったので、新しい民を新文化の担い手として好意的に迎え入れ、交流を深めていくこととなったと思われる。

（五）地域調整の必要性

水稲農耕には、集団かつ協同的な作業が不可欠となる。新文化を積極的に取り入れて民同士の融合が進み、稲作が定着して生活が安定してくると、その維持を願い、さらなる向上を期して、仲間内のみならず周辺地域との調整が必要となってくる。人口が増え、新たな土地の必要性も増してくることとなり、季節の移ろいが順調であれば重大な紛争は生じなかったろうが、ひとたび渇水や川の氾濫等が発生したりすれば、水利の便益や適地の争奪といった形での抗争が表面化したに相違ない。水や耕作地をめぐる個人的、集団的な争いが頻発することにもなったと思われる。

(六)「紛争的争乱」の発生

すなわち、争乱の初期状態である「紛争的争乱」が、各所で勃発したであろうことが想定される。それまでは主として漁という、言わば直接自然界を利用する形で生業が営まれてきたのに対し、水稲農耕では、意識的な土地の確保や計画的な水の利用が欠かせなくなり、それらをめぐるせめぎあいが生じることになったからである。北部の集団の中には力を付けて、異国と交流する氏族も現われたが、逆に、周辺地域との協力調整ができなかったり、果たせなかった者達は、集団でその土地を離れ、新天地を求めて移動することにもなった。

※（漢書）この頃、倭人、百余国に分立。その一部は、楽浪郡に定期的に献見す。
（西暦紀元前一～二世紀頃）

（七）「イズモ」族の渡海

その中に、対馬海流を利用して日本海沿岸を東へ渡った集団があった。周辺の氏族と同様に、海の民の流れを引くイズモと称するその集団は、九州北東部沿岸地域から遠賀川流域にかけて浸透していた一族で、近傍に拠点を持つアズミ族や周辺の島々の民との交流もあって、すでに半島方面からの文化全般を取り入れていた。

しかし、いち早く異国文化を全面的に受容して自らのものとしていた、「奴」や「イト」と呼ばれる氏族の力が強まったために、次第に圧迫を感じるようになっていた。さらに、南東部から国東半島、中津平野を経て北上してきたアマ族等の集団に対峙する必要が生じ、両勢力に挟まれる形となったイズモは、氏族の存亡をかけた深刻な争乱状態となることを忌避して、東方へ拠点を移すことを決め、直ちに行動を取った。

もともとイズモの民も祖に海人の系を持っており、渡海することへの恐れやためらいは少なく、半島から伝わっていた諸々の新しい技術を携えて、響灘を越えたのだった。

イズモが、周辺の海人族や北九州地域と関わりが深いことについては、古事記に、オオクニヌシが、沖ノ島に祀られる宗像三神と称されるタギリヒメと婚姻したと伝えられているばかりでなく、九州北岸に存した宗像氏（胸肩・宗形・宗方・胸形等とも表記され、海上交通、海上輸送を支配した豪族）はオオクニヌシの子孫を称し、出雲国造家との関係が深いとも伝えられる。また宗像大社に祀られる宗像三神は、書紀に「筑紫の胸肩君等祭る所の神」と記されていて、宗像氏の信奉するものであると言え、この地域と出雲との浅からぬ関係がうかがわれる。

なお、勝部昭氏によれば、日本海沿いや中国山地の遺跡に、半島系や遠賀川系の土器・銅利器等が数多く出土しており、考古学の観点から見ても、山陰地域に半島や北部九州の文化の影響が及んでいることが理解されるという。

書紀崇神紀に、天皇がイズモの神宝を見たいと希望したので臣を派遣したところ、常々神宝を護っている出雲振根が筑紫に出かけていて会えなかったといった伝承もあり、当地域とイズモとの交流の存在が浮かび上がってくる。

（八）日本海沿岸から「近畿」地域等へ浸透した「イズモ」勢力

北九州地域を離れたイズモ勢力は、海の民としての能力を生かして日本海に沿って中国地方を東へと進み、未だ水稲農耕等に習熟していなかった地元の民に、保有する新しい技術を伝えながら地域に浸透していった。

集団は水稲農耕技法以外にも、青銅加工技術や製鉄技法等を身に付けており、半島から伝わったと思われる細形銅剣、中細形銅矛、中細形銅戈等の青銅製利器だけでなく、いわゆる「小銅鐸」を改鋳した祭器をも、保有していた。

それは、稲作を大いに奨励する祭器であり、より大型化して賑やかに打ち鳴らし、積極的に農耕を鼓舞するものとして広く普及していった。

出雲周辺には、かなり激しい地形変動が見られるという。江坂輝弥氏によると、鳥取辺りの縄文遺跡は海面下にあり、湖底から土師器も出土するとのことである。また、噴火や気候変動等によって、出雲平野に急激な環境変化が生じたことについては、勝部昭氏が、

「出雲国風土記と古代遺跡」（山川出版社）の中で詳述している。

出雲周辺は狭小感があり、強勢国のイメージは持ち難いのであるが、自然が関わる大きな環境変化の影響を受けて「国引き神話」の伝承や諸々の神話が誕生している。それら説話のイメージが人々の心を膨らませ、出雲という国土が実態よりもはるかに広大なものとして印象付けられ、歴史の流れの中で、豊かな神話空間が築かれた可能性があるであろう。

ただ国土は狭小であっても、周辺地域には鉱物資源が豊富に埋蔵されており、それを知ったイズモ族は探索に力を入れ、それら資源を活用することによって勢いを強め、日本海沿岸を足掛かりにして、稲作に適した土地を求めて南進することとなった。

そして、中国山地を抜けて播磨から瀬戸内沿岸方面にも進出していった。播磨は、後に、民が頻繁に往来する交通の要衝ともなった地である。要路を利用してイズモ族が瀬戸内周辺でも勢力を拡大していったことは、出雲を本拠とする神々が播磨にまで遠征する伝承が、播磨国風土記に多く現われることからも理解される。しかもその神は、稲種を配る神として語られているのである。

さらに、イズモ勢力は瀬戸内方面ばかりでなく、丹波や近江方面からも「近畿」地方一帯へ支配地を拡げていき、さらに北方領域へも進出していったと思われる。

（九）瀬戸内方面への渡海集団

イズモのように日本海方面へ流れた氏族ばかりでなく、瀬戸内海西部地域へ渡海する集団も現われ始めていた。当初、アマ族と行動をともにしていたトモ族は、九州北部沿岸を目指したアマ族とは別の行程をたどり、抗争解消後関係を強めたクメ族の一部を伴なって海峡を越え、瀬戸内海沿岸を東へ進行した。

その地にはやはり南から渡ってきた別の海の民が先住していたが、トモ族は日本海沿岸地域に渡ったイズモ族同様に、すでに水稲農耕技法やその他の新しい技術を携えていたので、それらを伝えながら在来の民との共生を図る努力を重ね、周辺に適地を得て、その地の民と親交を深め、地域に浸透していった。

（一〇）九州北部における「アマ」族の覇権

九州北部では当初、「奴」と称する一族が一帯を制し、異国に朝貢するほどの存在感を示していたが、次第に南九州から東部沿岸を経て北部に進出してきたアマ族の勢いに押され、博多湾岸に後退した。アマ族は中津平野から遠賀川流域に浸透し、直方平野一帯に勢力を拡大した後、筑紫山地方面にも力を伸ばして山あいを抜け、現在の太宰府市近郊へと進行した。そして、九州南西部から熊本平野を経て筑紫平野へと北上してきていたクメ族の主力と行動をともにすることとなった。アマ族はすでにクメ族を帰服させ、交流を深めていたこともあって、その勢威は決定的となり、北九州一円でのアマ族の覇権が確立したのである。

太宰府近郊地域は、北部湾岸の「奴」や「イト」にも近く、また中部、南部を含めた九州全域をも視野に収めることができる要衝であり、後にヤマト政権において特別な場所として扱われることともなった。

※（後漢書）倭奴国王、後漢に朝貢。光武帝から印綬を賜わる。（建武中元二年）（西暦五七年）

（一一）「ヤマト」の誕生

稲作等の新文化を積極的に取り入れて力をつけ、北九州に進出してきたアマ族は、そこでの紛争を制し、「奴」や「イト」をも含めた諸族を束ねることとなった。かつては海の民であったその一族は、陸においても勢いを強めて、広範囲にわたる領域を支配することとなったのだった。

そして、アマ族は、新文化・技術等をさらに精力的に取り入れて発展させていくならば、「海」を離れても、「山野」を制し得る新しい力を保有することが可能であると認識した。とともにアマ族は、新しい文化である水稲農耕を維持し、さらに発展させていくためには、かねて尊崇する太陽に加えて、今一つ、絶えることのない清らかな水が不可欠な条件となることを知った。そしてそれを生み出す重要な根源として、自らの基点ともなった〝天《アマ》〟を支える、「山」が存在することを知り、人々は、山に坐す神に心を捧げる必要性を了知することとなったのである。海の神同様、山の神も気まぐれで、清冽な水に乗せて豊穣を呼び、穏やかな日常を展開してくれるかと思えば、時に怒髪天を突き、山野に濁流を放って、人里に多大の災害をもたらす源ともなることを、痛感させられていたからであった。

そこで山への尊敬と親しみを込め、さらに豊穣を願う気持ちを賭して、自らを山とともに生きる民、すなわち「ヤマトの民」と称し、漁労から稲作への比重を一気に高めていった。山への畏敬を深める過程で集団の中枢は、進出した領域の中から、日を迎えて流れる川の源流近くの奥山を選んで、崇拝の対象地と定め、ヤマト発祥の原点として伝えゆくこととした。そして、山の神への敬愛を高めるとともに、海人文化を底流に秘めた農耕氏族として力強く生き抜くこととなった。

記紀が伝えるウミサチビコ、ヤマサチビコ説話――わけても古事記伝承の底に流れる雰囲気（ヤマサチビコを優位に据え、これからは山に対して海以上の敬意を払っていくとの気持ちを示す記述）、さらに天皇家の祖、天孫のニニギノミコト（神武天皇の曾祖父）が、山の神たるオホヤマツミの娘、コノハナサクヤビメを娶り、また、その子のホヲリノミコトがワタツミ（海神）の娘を娶るという、天皇が、山と海双方の神の血を引くことを、あえて序列をつけて記述したのは、明らかにこういった経緯を象徴していると見ることができるだろう。

そのうち周囲の民は、「ヤマト誕生」の中核を担ったアマ族の主力集団を「ヤマト」氏と呼び、その名称が、「アマ」に替わる氏族全体の呼称として広がっていった。また、当初その中心に位置していた集団には、「大」の字が付され、後に「オオヤマト」氏として処遇されることとなった。

（西暦二世紀前半）

※（後漢書）倭国王（倭面土国王）帥升（師升）ら、生口一六〇人を献上す。

（「倭面上」と記す書もあるが、ヤマトと読み得る北宋版「通典」の「倭面土」に拠る。）

（永初一年）（西暦一〇七年）

（一二）「ヤマト」による九州一円の統括

水稲農耕には言うまでもなく土地が必要であり、新しい民との混淆が深まって人口が増加するとともに、「ヤマト」は、適した土地を求めて行動を起こす必要に迫られた。一族を束ねる者達は、団結して水稲文化を基本に据えた組織形態を整備する努力を重ね、クニとしての枠組みを整えて対応する方向へ進んだ。

そして指導者を立てて統治の形を調え、北部九州一円から、クメ族の力も借りて、中部西部の丘陵地帯にかけても統括領域を拡げていった。人口増加によって、農作業以外に余力を振り向けることが可能となった集団は、鉄製利器を進歩させることにより、農耕用具だけでなく武器についても格段に向上させることができたために、水の争い等も初期のうちに収めることが可能となり、土地の開墾についても、より容易に行えるようになったのである。

（一三）「呪術的争乱」時代の幕開け

並行して、集団は、豊穣を祈願する儀式等を頻繁に執り行うようになった。人の力では如何とも為し難い自然の力を崇拝するとともに、その力の庇護を求める必要性をより強く感じるようになってきたからである。集団はもともと、自らを導いたと信じる太陽の力を信奉し尊崇していたので、日の神として敬う祭礼を恒常化し、加えて奥深い山々を崇めて参拝する儀式を定例化していった。

やがて民の上に立つ者達は、人心の収攬を図るためには、ただ豊穣を願うだけではなく、日常生活のうえでも、神威の助力を求めることが重要であると考え、人智を超える霊力を借りて域内の結束を強めるとともに、対外勢力にも相対する方向へ動き始めた。そして、豊穣を招く太陽の霊力が宿ると思われる「鏡」、さらに、力の源を成し武運長久を果たす「剣」を、集団の表象として掲げた。のちに山の力を宿し子孫繁栄を表わす「勾玉」を加え、それらを氏族の神宝として崇めていくこととしたのである。

結果としてそれは、「呪術的争乱」時代へ展開する勢いを強め、加速させるものともなった。

（一四）「ヤマト」勢力の瀬戸内海方面への東行開始

その後、さらに人口が増え、耕作地の不足を痛感し始めたヤマト勢力は、未墾の土地が広がる領域への進出を考えるようになった。半島、大陸方面の様相によって、異国の民の流入が夥しく増加するといった不安定な状態を受けて、集団は他地域への進出を真剣に考える必要に迫られたのである。

日本海沿岸に関しては、先行集団が勢力を伸ばしているとの情報を得ていただけでなく、瀬戸内海方面には、かねて臣従させているトモ族等が浸透していっているという動静を承知していたこともあって、瀬戸内海方面へ目を向け、武装船団とともに進出を図ることとした。

そして、瀬戸内海方面へ東進を始めたヤマト軍団であったが、西部沿岸地域にはトモやクメ族以外の民も居住していたため、当初、進行してきた軍団に抵抗する者がおり、沿岸を離れた高地に防御と避難の施設を設営する動きを示し、一時緊張状態が生じる場面もあった。しかし、トモ族等はそれら氏族との仲介ばかりでなく、ヤマトを支援する行動を取ったため、進出したヤマトの武装集団は、周辺の民全体からの強い抵抗を受けることなく迎え入れられ、両地域の協力関係は急速に進みゆくこととなった。

天孫が天下ったときに道案内として現われたサルタビコは、進出先の国土の神、「近畿」東端、日を仰ぐ伊勢の地からはるばる参上した「国つ神」であり、天孫を出迎え、先導したと伝えられている。もともとは稲作の神とされており、進出者によってもたらされた水稲技法が、現地の有力者から歓迎され受け入れられる態様を象徴しているように思われる。

新たな力が加わることによって土地の開拓は進捗し、進出したヤマトの民は、その地に根をおろし、さらにトモやクメ族と連携して、東方への開拓の道を進めていったのである。

（一五）対抗勢力との接触と抗争の始まり

ヤマトの先遣集団は、瀬戸内海沿岸を東方へ進行していったが、やがて、在来の居住民や、日本海沿岸から南下し中国地方の瀬戸内臨海部に浸透して、周辺地域を支配し始めていたイズモ勢力と接触するようになり、小競り合いが頻発することとなった。イズモは防御態勢を固め、西部の先住民が行ったと同様の、砦様集落を沿岸から離れた高所に多数設営し、東進してくるヤマトの勢力に備えた。

（西暦二世紀中頃）

（一六）「ヤマト」勢力中枢の移動

勢力圏を東方へ拡大する中で、進出地を包括する領域を組織的に統治する必要性を認識したヤマト勢力は、中枢部を含めた陣営の大半を北九州地域から移動させることとした。そしてヤマトのクニの中心は、先行した武装軍団に導かれ、安芸を経て吉備周辺に到達し、しばらくの間、その地にとどまって態勢を整えた。

その後、その地域はヤマト軍団を支援したトモ族を中核とする氏族に統括させ、東方に向かうための中継拠点として治めさせた。半島諸地域と鉄やその他の交易を行う必要があり、北九州地域にはヤマトが管轄する諸役を残していたからである。風光明媚なその辺りは、その後トモの浦と呼ばれ、内陸方面からの民の流入もあって集落が形成され、賑わいを見せた。

ヤマトが覇権を確立した後には、トモ族の主力は、摂津から難波、河内方面に移ってその地を根拠地とし、重要な津である住吉を治めたので、トモの浦は、瀬戸内東周辺地域との往来が活発となり、また、内陸方面との交流も一層進んで、吉備勢力の発展に大きく寄与したと考えられる。

ヤマトの一団は、その後、武装した兵力とともに再び移動を始め、東方地域の集落を次々と支配下に取り込みながら、さらに勢力圏を拡大していった。

（一七）対抗勢力との熾烈な戦いと活路

東への移行を進める中で、ヤマトは、すでに近畿周辺に浸透していたイズモやその他の先住の民（オオクニヌシ、オオモノヌシ、オホアナムヂ、アシハラノシコヲ、ヤチホコ、ウツシクニタマ、さらにはニギハヤヒ、ナガスネビコといった名称に象徴され、クマノ神等を奉じる呪術力の高い勢力）の抵抗を受け、それら勢力との間に激しい戦いが引き起こされた。難波の辺りでは地形の関係からもナガスネビコ相手に苦戦を強いられ、甚大な損害を被ったが、すでに吉備等の瀬戸内沿岸地域を支配下に治めていて兵力に勝るヤマトは陣営を立て直し、太陽に向かって戦うことの不利を避け、紀ノ川沿いから難波の背後にまわり込み、奈良盆地に進入することができた。

（一八）「呪術的争乱」における優位

その途上でヤマトは、再び、クマノ神を奉じる先住の民と遭遇し、停滞を余儀なくされたのだが、自らの掲げる太陽神をより高い霊力と信じて対峙し、イズモを筆頭とする、異神を掲げる勢力を近江や丹波、そして日本海沿岸方面、また、伊勢、尾張等の地に後退させることができたのである。

そして、強敵だったナガスネビコが信奉する、イズモ系列のニギハヤヒを帰順させることができ、進入した奈良盆地南東の平野部一帯に、ヤマト国としての礎を築くことに成功した。

その地は、秀麗な山並みを仰ぎ見る地域で、平地にも優美な丘が立ち並ぶ、まさに「山とともにある」地と言え、自らの呼称「ヤマト」に誠にふさわしいところと考えられた。ヤマトの人々は、集団が進出し、居住することとした地域だけでなく、自らが支配することとした領域一円をヤマトと呼び、以後その名称が盆地全域に浸透していった。

服部四郎氏は、近畿、沖縄方言の比較から、西暦三〜六世紀頃に、九州辺りを中心として日本語が分裂し、畿内地方への大規模な住民移住が存したという可能性を示唆している。

（一九）ヒミコの擁立

その過程において、ヤマト勢力圏内で氏族間の争いが起き、動乱状態が生起したが、ヒミコという強力な呪術女王を擁立することによって収束し、ヤマトは、奈良盆地の纒向周辺にクニの中枢を置く、倭国の中心としての立場を確立したのである。
（西暦二世紀後半～三世紀前半）

※（魏志）この頃、倭国大乱。一女子（卑弥呼）を擁立し、王となす。

（同）倭女王卑弥呼、大夫難升米らを帯方郡に派遣。…倭女王、明帝より親魏倭王の称号と、金印紫綬を賜わる。

（景初三年）（西暦二三九年）

（二〇）「狗奴」等東方勢力との抗争と「ヤマト」の優勢

その後、尾張や美濃、三河、遠江、駿河、相模、武蔵、毛野等々、北方地域から東国の地に展開していた先住の民は、再びクマノ神を奉じて勢いを盛り返し、「狗奴」国を旗頭として結束を強め、ヤマト国に反撃した。しかしヤマトはヒミコを中心に団結し、魏に支援を求める等の手段も用いてそれら勢力の攻勢を封じ、主導権を握った。その間には、伊勢や近江といった近隣の地域集団を陣営に取り込み、対抗勢力の分断を図り、過激部族を、遠江、駿河、相模、信濃、毛野方面へ撤退させた。

先述した「国つ神」のサルタビコを故地の伊勢に送り届けるといった古事記の伝承は、これらの経緯を反映しているのではないかと思われる。

そして、陣営に組み込んだ勢力が崇めるクマノ神の神宝を自らの旗下に囲い込み、「近畿」南端、イズモ族の一部が住まう紀伊地域の深奥に封じ込めることに成功した。

この間の状況に、イズモの勢力がいろいろと関わっていたことを示す記述が、史書には残されている。古事記には、八十神達に殺害されたのちに蘇生したオホアナムヂが、木国（紀伊国）から根の堅州国へ逃亡して復活するといった説話が記されており、これはこのあたりの形勢を物語っているように思われる。
ここで紀伊国が突如出現して、いかにも唐突な印象を受けるのであるが、イズモと紀伊の間には、先にも触れたように、深い関わりが見られるのである。先学が指摘するとおり他にも多くの関連性のうかがわれる伝承が伝えられており、ここでのこういった記述は、当時の状況を伝えるものなのではないかと考えさせられる。（注）
実はイズモ族というのは、山陰から越に至る日本海沿岸地帯、また瀬戸内東の播磨周辺から「畿内」一帯ばかりでなく、周辺から離れた地域、東北や信濃にも影響を及ぼす、大きな勢力だったのではないかと思わせる痕跡が残っている。大野晋氏によれば、現在の出雲地方には、指紋、血液型、方言等において、東北地方と似通ったものがあるとのことであり、そういった状態は、古代における関係性を今に反映していると見ることができるようにも思われる。

信濃との関わりで言えば、古事記が伝える伝承が良く知られている。タカミムスヒとアマテラスの意を体して国譲りを迫るタケミカヅチに、イズモの神であるオオクニヌシの子、タケミナカタが抵抗し、信濃に逃亡したという説話であるが、信濃の地には、そのタケミナカタの足跡がいろいろと残されており、出雲と信濃との関係の深さもうかがい知ることができる。

（西暦三世紀中頃）

なお、後漢書には「自女王国東度海千餘里、至拘奴國。雖皆倭種、而不属女王」の記載があるが、これは当時のヤマトの臨海領域の東端、伊勢周辺から見た遠江、駿河、相模方面への展開を表わしているのではないかと考えられる。

※（魏志）倭女工、…を帯方郡に遣わし、狗奴国との戦いの状況を報告。…
少帝、…を派遣、詔書・黄幢を齎し、檄文をもって倭人に告喩す。
（正始八年）（西暦二四七年）

（注）出雲地方と紀伊地方との関連性等について

出雲と紀伊には、先述した大和と筑紫間のような地名の類似性が見られる。
風土記、和名抄、神名帳所載の郷名、神社名が両地方で一致するところが多い。
〈出雲〉意宇群忌部郷　飯石郡須佐郷　大原郡加多神社　意宇群熊野坐神社
〈紀伊〉名草郡忌部郷　在田郡須佐郷　名草郡加太神社　牟婁郡熊野坐神社（ほか多数）
その他、記紀においては、出雲と紀伊の相互に関係する記事が多い。
書紀一書に

「伊弉冉尊生火神時、被灼而神退去矣。故葬於紀伊国熊野之有馬村焉。」

古事記に

「故其所神避之伊邪那美神者葬、出雲国与伯伎国堺比婆之山也。」

また、出雲と関係の深い素戔嗚尊の子、五十猛命に関連して書紀一書に

「五十猛命為有功之神。即紀伊国所生大神是也」

等、紀伊と関係の深いことを示す記述が随所に見られる。

宮地直一「熊野三山の史的研究」（国学院雑誌・熊野学術調査特集）（１９６３）

（一一）懐柔策による「イズモ」の服属

ヤマトに追われ、進出先の拠点としていた三輪山周辺から逃れたイズモ勢力は近畿領域を離れ、日本海沿岸を経て、故地の山陰方面に移動し、抵抗する姿勢を示していたが、その中枢に対してヤマトは、懐柔策により対応した。

イズモ陣営の要人をヤマト政権に関与させるとともに、クマノ神を敬うことを認め、さ

らに、イズモ氏族が敬愛し、氏族本来の象徴ともしていた「大物主」について崇敬する姿勢を示した。勿論、先住氏族の神格を祀り上げることによって、地霊を鎮めるという意味を込めたものとも思われるが、いずれにしても、大物主を三輪山の祭神として祀る措置を取ったことが、イズモ氏族の心を平安に保つという効果をもたらしたのは間違いのないところであろう。

三輪山に「大物主」が祀られているのはその結果であり、イズモもそれに応えて徹底抗戦を回避し、「国譲り」の形でヤマトに服属した。その際、農耕祭祀に使用していた青銅製の「鐸」の多くは、自ら破砕あるいは鋳潰して他の素材として転用をはかる等の処置が採られたため、「銅鐸」と呼ばれる青銅器は、政権側の歴史の表面からは姿を消すこととなった。

斯かる経緯の中核部分は、明確な形で伝承されたようである。後に出雲国造は代替わりの度に都に上り、「出雲国造神賀詞」を奏上することが慣例となった。これは、献上品の細かな定めもさることながら、複数年にもわたって執り行われる大変な行事で、瀧音能之氏が「異例を超えて異常」と評するほどの内容となっている。この大仰な対応は、服属を誓う儀礼以外の何ものでもないと考えるべきであろう。

（二二）ヒミコの死去と「箸墓」の造営

ヒミコのカリスマ性とその求心力によって、ヤマト政権は当分安泰であると思われていた矢先、ヒミコが病を得て倒れ、間もなく他界し、ヤマト勢力圏内にもにわかに不穏な空気が流れ始めた。

政権は急遽、男の王を立て、軍の精鋭を騒擾地に派遣するなどしてその動きを抑える行動を取ったが、収まる気配がなかったため、ヒミコの後継者を速やかに選任する策に転じ、ヒミコを支えていた周縁子女の中からトヨという年若い女性に白羽の矢を立て、ヒミコの〝気〟というものを継承させて、求心力の回復に努めることとした。

そしてヒミコの〝霊力〟を次世代にも持続させるため、ヒミコ存命中から造営し始めていた霊域の構築を急ぐこととした。それは、他に類を見ないほど壮大な高塚墳墓であり、世の人に「日は人作り、夜は神作る」と謳われた大工事が、昼夜を分かたず進められて耳目を驚かせた。結果として、クニの体制が調った証しとしてのモニュメントともなったその巨大な墳墓は、いつしか「箸墓」と呼ばれるようになり、民の尊崇を受けた。

その後、墓の形態はヤマト王権を象徴するものともなり、鏡を尊重する風習とともに諸地域へ波及していった。

（西暦二六〇年前後）

※（魏志）卑弥呼以に死し、大いに冢を作る。

（二三）トヨ推戴による動乱の収束

ヤマト勢力圏内で生じた動乱は後継者としてトヨを推戴することと、ヤマト政権の速やかな措置、強力な権威付けにより収束し、ヤマト国は纒向周辺から「大和」一帯を中心とする、いわゆる近畿領域を改めて支配することとなった。

ここで、ヒミコに比して論じられることが稀薄であるようにも思えるトヨについて、少し考えてみたい。

ヒミコが没した後に騒乱の時を迎えてトヨが登場したと伝えられるが、トヨは年が若かったこともあり、築かれたヒミコの壮大な墳墓を背に負って、ヒミコの〝在り方〟つまり〝世への接し方〟、〝民の心をまとめ上げる形〟等々を、そのまま全面的に踏襲し、ヒミコが発していた〝気〟というものを身に帯びて、ヤマトの求心力の維持に努めたのではないかと思われる。

その間、ヒミコの傍に在った男弟と称される人物が引き続きトヨを支え、ヒミコ存命中に培った周辺勢力への影響力を駆使して、ヒミコ時代と同様の形で世を鎮めることに成功したのではないかと考えられる。トヨを冠に戴きつつ、その人物は次第に権勢を強め、民を統率する枢要の位置を手中に収めた。それは、呪術的争乱から征服的争乱へと転換しつつあった時代の趨勢をさらに加速させる流れとなり、彼はその後、征服的争乱時代を制して、ハツクニシラススメラミコト、後に崇神天皇と呼ばれる大王の位に就くこととなったと考えられる。

そして、トヨの姿勢すべてをヒミコと一体化させてヒミコの墓を護り抜いたために、トヨの没後も、箸墓規模の墓は造営されなかった。言ってみればトヨは箸墓とともに生きたと言っても過言ではなく、トヨ時代の民の心の内には、トヨは常にヒミコとともに存在し、その後の大王への橋渡しを務めた最後の呪術王と映じていたのではないだろうか。その後、巨大な墳墓は、民を直接統治する「政治王」を象徴する形として受け継がれ、諸地域にも広まっていったものと思われる。

※（魏志）更めて男王を立つれども、国中服せず。…卑弥呼の宗女臺与、…立てて王と為す。国中、遂に定まる。（晋書）倭女王、西晋に朝貢す。（泰始二年）（西暦二六六年）

（二四）「ヤマト」祭神の勝利による「呪術的争乱」の決着

イズモ圏を手中に収め、周辺の騒擾を鎮めたヤマトは、自らが崇める太陽を勢力圏全体の守護神と為し、ヤマトを表象する祭神と決定付けて、倭国中枢領域における覇権を確立した。

間を置かず政権はトヨの託宣を受ける形で、「近畿」圏の最東端にあたる海岸、サルタビコの帰還地でもある伊勢の地に太陽を迎える祭祀所を設けた。そしてそこに、太陽の化身たる神を祀り、氏族の発祥時を顧みて、その名称ともしていた、天と海を意味する「アマ」を照らす神として崇敬することとした。

これによりヤマト国は、クニの心を一つにまとめることが叶い、「呪術的争乱」の勝利者として領域に君臨することとなった。

以後、ヤマトは帰服を誓ったクニグニに対し、「アマ照す神」を象徴する鏡を賜与し、支配の証としたのである。

鏡は服属者側から支配者側に献上されたものとの説もあるが、私は、やはり統治者側から与えたものであろうと考えている。なぜなら、鏡はヤマトが敬う神宝であり、鏡を賜与することは、すなわち「呪術的争乱」に勝利した結果を証する形に他ならないと思うからである。

また、魏の詔書にも、献上品への返礼として鏡を含む品々を挙げた後、

「悉可以示汝國中人、使知國家哀汝、故鄭重賜汝好物也。」

といった記述がある。国も違うし、状況は異なるが、権威ある事物は、上位者から示す

ものとの、この時代の意思が感じられる表現となっている。

もっとも、敵対者がヤマト支配圏内の反抗勢力だった場合は、それまで保有していた鏡を差し出させ、改めて政権側から新たな鏡を賜与するという形を取ったことがあったかもしれないとは思う。

（二五）「征服的争乱」時代への展開

ヒミコ、トヨの時代を経てヤマトは「呪術的争乱」期にピリオドを打ち、「征服的争乱」の世へと展開することとなった。武力によって東国方面にも勢力を拡げ、「狗奴」に代表される諸集団を制圧し、版図を拡大していった。崇神紀の四道将軍派遣や、景行紀に織り込んだ天皇の諸国征討に関する記述等は、ヤマトが「征服的争乱」時代に進みゆく道程を示すものと思われる。

（二六）「ヤマト」朝廷による倭国の統括

その後、「征服的争乱」を勝ち抜いたヤマトは、大王を頂点とするヤマト朝廷を立ててクニを統括することとなった。そして、ヤマト国は倭国の中心としての地位を確立し、日本国として歴史を刻むこととなったのである。

（西暦三〇〇年前後以降）

（二七）書紀の構想に見る大王支配に至る道筋

「年代考」でも触れたが、記紀編年と中国史書年代との間には大きな隔たりがあって、それを関連付けて考察することは容易ではない。書紀神功紀に四箇所、時期を合わせた記載があるが、晋書西晋武帝の泰始二年（西暦二六六年）の「倭女王西晋に朝貢す」と、書紀（神功紀六六年）（西暦二六六年）の「倭女王遣重譯貢献之也」の記述の後は、一五〇年近い空白の期間がある。

その間、異国の記録としては、高句麗広開土王碑に「倭、海を渡り百済、新羅を破り臣民となす」（西暦三九一年）の記述があるだけで、その後は、東晉安帝の義熙九年（西暦四一三年）まで倭国に関して中国史書の記録はなく、書紀に神功皇后の事跡が詳述されているのみという状態である。そこには半島諸国との関わり等は詳しく書かれているが、中国に関しての記載はなく、わが国の編年に資するような事象をつかむことはできない。

そこで、中国史書の年代とわが国の記録を重ね合わせて考証し、方向性を探るという方法で究明することとしたい。（別掲「比較表」参照）

わが国の黎明期として記述されている史料を精査すると、「画期」と称し得る局面が存在することに気付く。その一つが、わが国黎明期の伝承と、中国史書の記載に関連する部分に出現しているように思われる。

書紀各章の冒頭に掲げられた天皇（皇后）の「漢風諡号」（以下諡号と記す）に「神」の字が付された方は四方だけである。神武、崇神、応神の各天皇と、特例として記載されたと思われる神功皇后の四方であるが、いずれも時代に画期を印したと言い得る伝承を持つ為政者であると言える。

「神」の字の付された天皇の諡号に着目して、中田力氏は、「記紀」の編者は「神」の文字を付することにより王朝の変遷を示唆していると指摘しているが、私は神功皇后を含めた四方の「神」の字の使用は、王朝の交代といった「革命的な変動」を示すものではなく、編纂者は時代の画期をその文字に込め、後世に響かせようとする意図を持っていたのではないかと思えてならないのである。

神武と崇神の両天皇には、「ハックニシラススメラミコト」の称号が奉られているが、これは二方のみに付された尊称である。神武は言うまでもなく天孫から系を引き継ぎ、筑紫を出でて、大和へ東遷したと言われる天皇であり、崇神は、「呪術的争乱時代」の呪術王から世を継承して、「征服的争乱時代」へと展開させた天皇と言って良いと思われる。私は、ヒミコ、トヨの時代を引き継いでクニを拡大させた征服王は、崇神天皇であると考えている。四道将軍派遣の記述等が良くそれを表わしていると思う。

再度整理すると、神武天皇は、高天原と地上をつないで筑紫から東行し、「呪術的争乱時代」を突き進んだ、当時代を象徴する天皇であった。その後、ヒミコ、トヨを経て時代は「征服的争乱時代」へと移り、地域を統括する政治王としての崇神天皇が出現し、「畿内」から全国へと支配を拡げていった。

結果的に、「呪術的争乱時代」を駆け抜け、ヤマト祭神の優位を確立した大王と、「征服的争乱時代」を制した大王の二方に、「ハツクニシラススメラミコト」の称号が付与されることとなったと思われるのである。

書紀の構成思想を掘り下げて考えると、実際は重ね合わせて記載されるべきライン、すなわち、崇神天皇とヤマトトトヒモモソヒメに関連するラインと、神功皇后から応神天皇へ流れるラインが、二通りに分解されて記述されているように見える。つまり、隠蔽したいヒミコについて、ヤマトトトヒモモソヒメに関する事項としてなぞらえなければならないところを、書紀記載上は神功皇后に比定させるために、年代を大きく操作して引き延ばし、二つに分けて構成したと考えられるのである。

「矜持ということについて――史書の読み方　その一」および「モニュメントについて――最高権威者への勲章」の項でも記したとおり、書紀の編者は、ヒミコ関連の情報をできる限り覆い隠す方針で編集を行ったと考えられる。諸々の事項について、年代を操作することによりあいまいにし、秘匿を図ったに違いないと思う。わが国の伝承事項をやりくりしながら、神功皇后から三〇〇年ほど時代を遡らせて、国史を構成するという策を巡らせたものと思われる。苦心の様が目に浮かぶようである。

また、神武天皇東遷、崇神天皇の四道将軍派遣の後に、あたかも原点に回帰するかのように景行天皇の筑紫巡狩、熊襲征討等、さらに仲哀天皇・神功皇后の穴門・筑紫巡行、熊襲征討等の行動が記載されているのであるが、これにも私は、歴史の画期を修飾したいという書紀編集者の意図的な思いを感じてならない。このあたりの動向は、今少し古い時代の伝承を、あえてこの時期の出来事として織り込んだのではないかと思われるのである。

こうして年代を調整し、異国等との関係を含めたわが国の諸事項を、時間の流れの中で攪拌するとともに、わが国トップ四名を選んで、その諡号に「神」の文字を付けて画期たる時期を表現し、時代の雰囲気を後世に伝える努力を行ったのではないだろうか。

このような形を採ることにより、神武の東遷——呪術的争乱時代からいわゆる欠史八代を経て、征服王崇神へと書紀上の時代をやりくりし、崇神後は時間を引き延ばして三〇〇年後の神功皇后へとつなぎ、その後、神功皇后を継承する応神朝によるヤマト支配の状況を描出していったのではないかと思われる。

すなわち、神武から崇神、崇神から神功、そして、神功から応神へと、「神」の字を含む為政者へ時代を引き継がせていくことにより、書紀の構成を整えていったと考えられるのである。

本項で考察の対象としている「諡号」についてであるが、伝えられるように、後に、淡海三船が選定したにせよ、あるいは多くの学識者の合議で決められたにせよ、選者は書紀構想の精神を体し、その基本的枠組みに則って決定したものであるに違いないと思う。つまり、書紀編纂者の構想を十分にわきまえたうえで文字を選び、その底に流れる思いを生かして選定を進めたものと考えられ、その思考の中で付与された「神」の字には、深い意味が込められたに違いないと考えられるのである。

因みに、「神」の字を有する天皇は、その後の系譜にも登場することはない。この事実は、黎明期のトップ四方に特別な敬意を払うことにより、建国に至る諸々の象徴的な出来事を当時代に集中させて、黎明期の基本的な道筋を示しておきたいという、ヤマト朝廷全体の意思を示唆しているように思えてならない。

従って当代の記述については、ことのほか潤色が目立っているようにも見え、実態上は時代を重ね合わせて認識すべき部分が多いと考えられるため、史実を解明するには、慎重に調整を図りながら読み解いていく必要があると考えなければならない。

〔別掲〕比較表

〈中国史書等〉

漢書　この頃、倭人百余国に分立。
（一部は定期的に献見）

後漢書　光武帝　建武中元二年　（AD五七）
倭奴国王、後漢に朝貢。（印綬を賜わる。）

安　帝　永初一年　倭国王（倭面土国王）等　（一〇七）
生口一六〇人を献上。

魏志　この頃、倭等、弁韓辰韓の鉄をとる。
後漢桓帝霊帝後の建安年間に楽浪郡南部に
帯方郡分立。　（一九六〜二二〇）
この頃、倭国大乱。
一女子（卑弥呼）を共立して王となす。

〈想定実態〉　〈書紀記載〉　（在位年）

神武天皇　（BC六六〇〜BC五八五）
（ハツクニシラススメラミコト）
（欠史八代）

崇神天皇　（BC九七〜BC三〇）
（ハツクニシラススメラミコト）
崇神紀一〇年　（BC八七）
四道将軍派遣。
ヤマトトトヒモモソヒメ
→大物主の妻となる。
その後、死去。箸墓造営。
垂仁天皇　（BC二九〜AD七〇）
景行天皇　（AD七一〜一三〇）
（筑紫巡狩、熊襲征討）
（ヤマトタケル東西遠征）
成務天皇　（一三一〜一九〇）
仲哀天皇　（一九二〜二〇〇）

神功皇后　（新羅出兵）　（二〇〇）
摂政　（二〇一〜二六九）

明　帝　景初三年　卑弥呼帯方郡に使者派遣。
親魏倭王の称号と金印紫綬を賜わる。（二三九）

少　帝　正始一年　倭国へ使者を派遣。（二四〇）

正始四年　倭王朝貢。使者に印綬を賜わる。（二四三）

正始六年　倭に黄幢を賜う。（二四五）

正始八年　倭女王、狗奴国との交戦を報告。（二四七）

この間、卑弥呼死し、大いに冢を作る。
倭国再び乱れ、台与を擁立。
魏使、台与に告喩。台与朝献。

晋書（西晋）武　帝　泰始二年　倭女王、西晋に朝貢。（二六六）

〈高句麗広開土王碑―倭百済新羅を破る。〉（三九一）

（東晋）安　帝　義熙九年　倭国、高句麗と共に献上。（四一三）

宋書　武　帝　永初二年　倭讃修貢、可賜除授。（四二一）

神功紀三九年　魏志云、倭女王、朝献。（二三九）

神功紀四〇年　魏志云、詔書、印綬を詣う。（二四〇）

神功紀四三年　魏志云、倭王、…上献。（二四三）

神功紀六六年　晋起居注云、倭女王、…貢献。（二六六）

神功紀六九年　神功皇后死去。（二六九）

応神天皇（二七〇〜三一〇）

仁徳天皇（三一三〜三九九）

履中天皇（四〇〇〜四〇五）

反正天皇（四〇六〜四一〇）

允恭天皇（四一二〜四五三）

おわりに

　歴史を振り返ると、この展開は定則的に発現しているのではないか、あるいは、この事態は定則的な発現であると認識すべきなのではないかと考えられる状況が、多々存在しているように思われる。膨大な歴史の中では、ほんのひとかけらに過ぎないと言えるものではあろうが、今回、一五の事項に焦点を当てて日本古代史を再見し、私なりの解釈を施し、その認識の上に立って、倭国黎明期の展開について考えるところをまとめてみた。

　もとより、歴史をたどるとは、史書等の文献、伝承その他、言語的に引き継がれてきている分野の究明とともに、考古学的知見等、様々な事跡を糾合し、時代考証のうえ総合的に時間を積み上げていく行為であると言えるだろう。

　従って、生活実態・社会の状況等を検証、考察するに当たって、考古学的資料を解析していくことが重要となるのは言うまでもないが、形態分析など物理的な考証とともに、それらがその社会で果たした役割、集団の動向に及ぼした影響等を包括して、歴史が抱える流れをつかみ、根底に潜む時代の方向性を判断するという視点は欠かせないものとなる。

それによって、時代の動きを誤ることなく認識できるし、歴史の事象の中から、未来に向かっての正しい選択を導き出すことができるとも考えられるからである。

このように考えると、繰り返しになるが、われわれが歴史というものに相対する場合、定則的に発現すると思われる事項を十分認識し、理解したうえで状況を判断し、大局的に解釈するという行為の重要性は、多大なものになると言わなければならない。

すでに伝説的著作とも見なし得る『歴史とは何か』の中で、E・H・カーは、「歴史とは現代と過去との対話である」と説いたが、私はむしろ歴史を考えるとは、「過去という舞台を借りた未来との対話である」と言いたいし、そうあるべきだと思っている。

すなわち、歴史を顧みることによって、その定則的とも言える動きを理解し、それを未来に投影することにより、変転極まりない未来の道標を、いくらかなりとも察知することが可能になるのであり、その努力を怠るべきではないと言いたいのである。それは、歴史の把握という人類の叡智が、偶然という悪戯ものを、たとえ一時であれ、捕捉することに成功したと言い換えて差し支えないことになるのではないかと思うからである。

ところで、史実の解明を進める際には、理解しておかなければならないことがある。

一つは、世界共通の一般的な事項で、言うまでもない事柄ではあるが、いかに考古学的な発掘等が広く進められてきている現代とはいえ、国土のすべてを引き剝がして調査が行われているわけではないので、新たな発見により歴史が書き換えられる可能性は常に存在しており、そのことは当然の条件として、認識しておく必要があるということである。

今一つは、わが国黎明期の考察に当たっての特別な事情である。それは、重要と見なされる少なくない遺跡の調査に、規制が掛けられているということである。

いわゆる陵墓と比定されている墳墓について、それが陵墓であるか否かの調査を含めて、究明することが認められていない。というより、原則的に立ち入りが禁止されており、それら遺跡の底に、何が眠っているか確認できない状態となっている。そのことをまず事実として把握しておかなければならない。つまり、事跡の存在を認識したとしても、その解明が甚だ心もとない状態にあるということであり、現状においては、努力は重ねられているものの、時間の積み上げ作業に大きな影響が出ていると言っても過言ではないだろう。

言うまでもなく、土器や銅利器の形状や文様、遺跡の構造等の考証から、細部にわたる編年の作業が行われてきており、また、放射性炭素や年輪の測定等、科学的な手法を用いての年代解明も進められてきているが、何といっても、権勢の核心部分の遺物等に手が届かないという状況にあることが、根源に迫り切れない要因ともなっているのである。

立ち入りを規制する担当庁の立場は、次のような考え方に基づいている。

「陵墓は、現に皇室において祭祀が継続して行われ、皇室と国民の追慕尊崇の対象となっているので、静安と尊厳の保持が最も重要であり、管理に必要な場合を除き、他者がみだりに立ち入るべきところではない。」

わが国の歴史を振り返るとき、天皇を国の中心的存在として位置付けてきたことは紛れもない事実であって、その伝統と文化を守り続けている担当庁の努力には敬意を表するべきである。しかし、国是として現在のような仕組み、態様が固められたのは明治以降のことと言えるのではないだろうか。最近、ユネスコの世界文化遺産に登録された百舌鳥・古市古墳群内には陵墓が含まれており、歴史という視点に立つなら、陵墓は民族の文化として認識すべきとの意識が、国民の間には伝統的に継承されてきているのではないかとも思えるのである。

黎明期陵墓の調査は、日本建国の解明につながる要所であり、国会でも幾度となく議論され、学界の悲願ともなっている事項である。このたびの世界文化遺産登録を契機に、改めるべきところは改め、新たな対応を考慮するという姿勢は、文化国家として望ましい在り方であるとも思える。さらに言えば、調査解明の努力を行うということは、世界に対する責任を果たすということになるとも考えられるのである。

民族発祥の歴史は、国の根幹にも関わる重い存在として尊重すべきものであるだろう。それは、厚いベールに包み込まれ秘匿された存在であるよりは、高度に洗練された国の民として共有し、ともに敬える存在として、将来に継承していくべきものであるとも考えられるからである。

異論は多々出されることと思うが、今後とも議論が交わされ、少しでも真実と思われるところに近付くことができれば幸いと願う次第である。

なお、本稿で触れた諸説については、大方の共通認識が得られている部分もあると考え、一部を除き、あえてその都度註釈や解説、考証を付すことはしなかったが、研究対象文献等は多数存在しており、無論本稿においても参考とさせていただいている。

ただ、そのすべてを記載することは到底困難であるため、出版されている史料、古典的に例示されることの多い著書、それに、比較的最近一般向けに刊行された書籍を中心に選択し、まとめて別掲させていただいた。他にも数多くの資料・参考文献等が存するが、割愛させていただく。謝してご了解を賜わりたいと思う。

以　上

（史料）

「日本書紀」武田祐吉校註（日本古典全書・朝日新聞社・１９４８〜１９５７）
「古事記・祝詞」倉野憲司・武田祐吉校註（日本古典文學大系・岩波書店・１９５８）
「風土記」秋本吉郎校註（日本古典文學大系・岩波書店・１９５８）
「萬葉集」高木市之助・五味智英・大野晋校註
（日本古典文學大系・岩波書店・１９５７〜１９６２）
「古代歌謡集」土橋寛・小西甚一校註（日本古典文學大系・岩波書店・１９５７）
「後漢書・魏書・隋書・旧唐書等」藤堂明保・竹田晃・影山輝國編著
（「中国の古典：倭国伝」・学習研究社・１９８５）
「国史大系」黒板勝美・国史大系編集會（吉川弘文館・１９６５〜１９６７）
第一巻（上）（下）（日本書紀）〜第八巻（日本書紀私記・釋日本紀・日本逸史）
「寧樂遺文」（上）（中）（下）竹内理三編（東京堂出版・１９６２）
「東洋史辞典」京都大学文学部東洋史研究室編（東京創元社・１９６１）

「西洋史辞典」京都大学文学部西洋史研究室編（東京創元社・１９６１）

（参考文献）

「任那興亡史」末松保和（吉川弘文館・１９４９）
「上代假名遣の研究」大野晋（岩波書店・１９５３）
「日本語の起源」大野晋（岩波書店・１９５７）
「日本語」金田一春彦（岩波書店・１９５７）
「日本語の系統」服部四郎（岩波書店・１９５９）
「帰化人」関晃（至文堂・１９５６）
「日本民族の起源」石田英一郎・江上波夫・岡正雄・八幡一郎（平凡社・１９５８）
「民族の起源」小林行雄（塙書房・１９７２）
「日本国家の起源」井上光貞（岩波書店・１９６０）
「神武天皇紀の紀年の意義」（神武天皇と日本の歴史）平田俊春（小川書店・１９６１）
「歴史とは何か」Ｅ・Ｈ・カー、清水幾太郎訳（岩波書店・１９６２）

「日本の地名」鏡味完二（角川書店・１９６４）
「古墳の発掘」森浩一（中央公論社・１９６５）
「古代研究」折口信夫（全集一巻～三巻）（中央公論社・１９６５～１９６６）
「日本古代国家」水野祐（紀伊國屋書店・１９６６）
「古墳文化と古代国家」斎藤忠（至文堂・１９６６）
「神武東遷」安本美典（中央公論社・１９６８）
「新版・卑弥呼の謎」安本美典（講談社・１９８８）
「邪馬台国論争」原田大六（三一書房・１９６９）
「埋もれた金印」藤間生大（岩波書店・１９７０）
「埋もれた銅鐸」森秀人（紀伊国屋書店・１９７０）
「日本人はどこから来たか」樋口隆康（講談社・１９７１）
「神々の体系」上山春平（中央公論社・１９７２）
「高地性集落の研究」（資料編）小野忠熙（学生社・１９７９）
「日本人とは何か」著者代表江上波夫（小学館・１９８０）
「縄文土器文化研究序説」江坂輝弥（六興出版・１９８２）

「古代国家の謎を追う」直木孝次郎・田辺昭三（徳間書店・1982）
「邪馬台国はここだ」奥野正男（毎日新聞社・1981）
「邪馬台国の東遷」奥野正男（毎日新聞社・1982）
「謎の女王卑弥呼」田辺昭三（角川書店・1982）
「『古事記』と『日本書紀』の謎」上田正昭・岡田精司・門脇禎二・坂本義種・薗田香融・直木孝次郎（学生社・1992）
「復元！　古代日本国家」澤口洋太郎（彩流社・1993）
「DNAが語る稲作文明」佐藤洋一郎（日本放送出版会・1996）
「出雲の銅鐸」佐原眞・春成秀爾（日本放送出版会・1997）
「卑弥呼は大和に眠るか」大庭脩編（文英堂・1999）
「卑弥呼の謎　年輪の証言」倉橋秀夫（講談社・1999）
「シンポジウム　邪馬台国が見えた」樋口隆康・平野邦雄監修（学生社・2001）
「倭国の謎」相見英咲（講談社・2003）
「安曇族」亀山勝（郁朋社・2004）
「邪馬台国と纒向遺跡」石野博信・上田正昭・黒田龍二・高橋徹・辰巳和弘・千田稔・

「太宰府は日本の首都だった」内倉武久（ミネルヴァ書房・２０００）
橋本輝彦（学生社・２０１１）
「伊勢神宮と出雲大社」新谷尚紀（講談社・２００９）
「研究最前線　邪馬台国」石野博信・高島忠平・西谷正・吉村武彦（朝日出版・２０１１）
「伊勢神宮の謎を解く」竹澤秀（筑摩書房・２０１１）
「天皇陵」矢澤高太郎（中央公論社・２０１２）
「日本巫女史」中山太郎（図書刊行会・２０１２）
「『陵墓』を考える」「陵墓限定公開」３０周年記念シンポジュウム実行委員会
（新泉社・２０１２）
「魏志倭人伝の謎を解く」渡邉義浩（中央公論社・２０１２）
「謎の古代豪族葛城氏」平林章仁（祥伝社・２０１３）
「古墳と被葬者の謎にせまる」大塚初重（祥伝社・２０１２）
「古墳から見た倭国の形成と展開」白石太一郎（敬文舎・２０１３）
「幻の王国・狗奴国を旅する」赤塚次郎（風媒社・２００９）
「未盗掘古墳と天皇陵古墳」松木武彦（小学館・２０１３）

「渡来の古代史」上田正昭（角川学芸出版・２０１３）
「日本人になった祖先たち」篠田謙一（ＮＨＫ出版・２００７）
「前方後円墳の世界」広瀬和雄（岩波書店・２０１０）
「邪馬台国と『鉄の道』」小路田泰直（洋泉社・２０１１）
「古代の日本と加耶」田中俊明（山川出版社・２００９）
「出雲国風土記と古代遺跡」勝部昭（山川出版社・２００２）
「アマテラスの誕生」溝口睦子（岩波書店・２００９）
「出雲と大和」村井康彦（岩波書店・２０１３）
「古事記の宇宙」千田稔（中央公論社・２０１３）
「古代国家はいつ成立したか」都出比呂志（岩波書店・２０１１）
「倭国の時代」岡田英弘（筑摩書房・２００９）
「邪馬台国　中国人はこう読む」謝銘仁（徳間書店・１９９０）
「遺跡は語る」金関恕（角川書房・２００１）
「出雲大社の謎」瀧音能之（朝日新聞出版・２０１４）
「日本古代史を科学する」中田力（ＰＨＰ研究所・２０１２）

「天皇陵の誕生」外池昇（祥伝社・２０１２）
「古事記誕生」工藤隆（中央公論社・２０１２）
「神社の起源と古代朝鮮」岡谷公二（平凡社・２０１３）
「縄文人に学ぶ」上田篤（新潮社・２０１３）
「古代日本の超技術」志村史夫（講談社・２０１２）
「倭人伝、古事記の正体」足立倫行（朝日新聞出版・２０１２）
「日本書紀の虚構と史実」遠山美津男（洋泉社・２０１２）
「ＤＮＡから見た日本人」斎藤成也（筑摩書房・２００５）
「古代学への招待」谷川健一（日本経済新聞出版社・２０１０）
「邪馬台国からヤマト王権へ」橋本輝彦・白石太一郎・坂井秀弥（ナカニシヤ出版・２０１４）
「地形から見た歴史」日下雅義（講談社・２０１２）
「『天皇家』誕生の謎」関裕二（講談社・２００７）
「ヤマト王権と十大豪族の正体」関裕二（ＰＨＰ研究所・２０１３）
「神社に秘められた日本史の謎」新谷尚紀（洋泉社・２０１５）

「なぜ地形と地理がわかると古代史がこんなに面白くなるのか」千田稔（洋泉社・２０１５）
「『神話』から読み直す古代天皇史」若井敏明（洋泉社・２０１７）
「骨が語る日本人の歴史」片山一道（筑摩書房・２０１５）
「弥生時代の歴史」藤尾慎一郎（講談社・２０１５）
「日本発掘！」小野昭・小林達雄・石川日出志・大塚初重・松村恵司・小野正敏・水野正好（朝日新聞出版・２０１５）
「古墳の古代史」森下章司（筑摩書房・２０１６）
「纏向発見と邪馬台国の全貌」Ⅰ
「騎馬文化と古代のイノベーション」Ⅱ
「前方後円墳の出現と日本国家の起源」Ⅲ
白石太一郎・鈴木靖民・寺澤薫・森公章・上野誠（角川文化振興財団・２０１６）
「鏡が語る古代史」岡村英則（岩波書店・２０１７）
「倭の五王」河内春人（中央公論社・２０１８）
「卑弥呼以前の倭国五〇〇年」大平裕（ＰＨＰ研究所・２０１８）

「邪馬台国は『朱の王国』だった」蒲池明弘（文藝春秋・2018）
「前方後円墳」吉村武彦・吉川真司・川尻秋生（岩波書店・2019）
「風土記の世界」三浦佑之（岩波書店・2016）
「『海の民』の日本神話」三浦佑之（新潮社・2021）ほか

【著者紹介】

（筆名）真神《まがみ》　三郎《さぶろう》　（本名）松下《まつした》　智之《ともゆき》

慶應義塾大学法学部政治学科卒業後、慶應義塾塾監局入職、諸役を歴任の後、私学事業団役員、武蔵野大学役員等の任に当たる。
学生時代、日本政治史の研究会に属し、日本古代史、中でも黎明期の展開について関心を強め、変遷過程の解明に注力する。その後、教育関係の実務経験を積み重ねる中で、歴史の流れを総合的に俯瞰して考察する重要性を認識し、その視点から動向の把握と分析に取り組む。

歴史《れきし》の定則性《ていそくせい》から浮上《ふじょう》する倭国黎明期《わこくれいめいき》の展開《てんかい》

2023年7月23日　第1刷発行

著　者 ― 真神《まがみ》　三郎《さぶろう》

発行者 ― 佐藤　聡

発行所 ― 株式会社 郁朋社《いくほうしゃ》

〒101-0061　東京都千代田区神田三崎町 2-20-4
電　話　03（3234）8923（代表）
ＦＡＸ　03（3234）3948
振　替　00160-5-100328

印刷・製本 ― 日本ハイコム株式会社

装　丁 ― 宮田　麻希

落丁、乱丁本はお取り替え致します。

郁朋社ホームページアドレス　http://www.ikuhousha.com
この本に関するご意見・ご感想をメールでお寄せいただく際は、
comment@ikuhousha.com までお願い致します。

 ISBN978-4-87302-793-7 C0095